JN222822

町工場の経営支援

宇崎 勝 [著]

一般社団法人 金融財政事情研究会

はしがき

　本書は、地方銀行、信用金庫、信用組合等の地域金融機関の法人担当者等で町工場など製造業の経営支援に携わっている方に向けて、支援の進め方やポイント、事例を紹介する目的で著しています。そのため金融機関での支援内容を中心に構成していますが、基本的な企業支援に関する内容は、自治体や支援機関の中小企業支援担当者やコーディネータにもお使いいただけることを意識しています。また、製造業の本というと従業員100名以上の量産工場向けに工程改善・生産管理などを促すようなものが多いですが、本書では従業員数名の町工場にも使える支援ノウハウをお伝えすることを意図しています。

　地域金融機関における重点化すべき取組みとして、ディスクロージャーなどで事業性評価・本業支援を打ち出すことが増えてきました。実際に「中小企業の悩み事にきめ細やかに対応できるサービスを提供して、課題解決を支援」というような事業方針を目にすることも多くなっています。事業性評価という言葉は、「財務状況や担保・保証などによる評価に過度に依存することなく、事業そのものを評価する」ということを意味しており、昨今では当たり前のように使われています。また、本業支援は、文字どおり取引先の本業を支援する取組みとして理解されています。

　筆者は、もともとメーカーの技術者で、ものづくりの現場経験があるビジネスコンサルタントです。現在は、金融機関の担当者に同行して製造業を中心とした企業訪問をし、現場で支援しています。また、神奈川県川崎市等での支援機関のコーディネータとして同行訪問などをしています。なお、川崎市での中小企業支援のコーディネート活動は、「川崎モデル」と呼ばれ、書籍（藤沢久美『なぜ、川崎モデルは成功したのか？』実業之日本社、2014年、232頁）でも紹介されています。川崎では、現場主義を旨とし、企業訪問をきっかけとして中小企業に寄り添う伴走型の支援を志向しています。その立場か

ら気づいたことなどを本書に著そうと考えました。なぜならば、企業訪問の道すがらで営業店の最前線で頑張っている法人担当者に「事業性評価や本業支援ってどんなことをやっていますか」と尋ねてみても、明確な方針や施策が返ってくることは多くないからです。この方針と現場の行動のギャップがなぜ生じているのかが、支援のイメージおよび成果が金融機関内で共有できていないことに起因しているという仮説を筆者はもっています。事業性評価や本業支援が現場にまで浸透していない背景としては、「金融機関にとっての困り事」になっていないことにあるのでしょう。また、本業支援で何をやってよいかわかからずに、「取り組んでいるポーズ」としてわかりやすいセミナーやイベントに走ってしまう金融機関も少なくありません。

　こういう状況において、いちばん扱いにくい取引先は製造業かもしれません。比較的業種としてわかりやすい食品業界などに対しては、地場産品の販促イベントなどで支援するイメージがもてますが、特に金融機関の方々がわかりにくいと感じる（ことが多い）製造業については、なかなか支援の糸口を見つけられずに困っているところも多いのではないでしょうか。本書は、そのような状況をふまえて書き著しました。

　本書では、実際に本業支援を進めるための知識、インタビューの方法、支援プラン策定、ビジネスマッチングの進め方などを解説します。イメージをもちながら読み進められるように、いくつかの実例も紹介します。少々五月雨式かもしれませんが、現場で使える提案、質問などを掲げるように意識しました。本書には、「本業支援には、これだけやればよい」という正解は書いてありません。支援者の立場で「事業を理解するための引き出し」を紹介することにあります。読者自身が、それらのプロットを集めて、本業をよりよくするためのストーリーをつくっていかなくてはなりません。

　具体的な製造業支援の進め方について知りたいとお考えで、本業支援の意義等はあらためて知る必要のない方は、前半を読み飛ばしてSTEP 3 からお読みいただくかたちでも結構です。また、STEP 4 は、技術になじみのない方にはむずかしいと感じる内容かもしれませんので、支援の全体像を知りた

いという目的であれば、読み飛ばしていただいたほうがよいかもしれません。

　本書のタイトルに示すように、経営支援について解説をしますが、わかりやすく言い換えれば、「聴くこと」と「伝えること、つなぐこと」に集約されます。支援者の方が実践の場で不安に思う、対話を続けること（＝聴く引き出しを増やすこと）、取引先の現状をしっかり見立てて方向性を決めることに重点を置いています。とはいえ、知識だけでは本業支援はできません。支援のマインドが大事です。現場で試行錯誤しながら、自分事として支援することで、取引先からの感謝の言葉がいただけます。それが支援マインドを磨き、次へのエネルギーとなります。そのように取引先としっかり向き合うために、本書がヒントとなれば幸いです。

　本書の執筆にあたっては、日頃からお世話になっている事業者、金融機関、自治体、支援機関の皆様のご協力をいただきました。この場を借りて、心から感謝申し上げます。また、いつも応援してくれる家族と、本書の構成や作図で力添えをいただいたにもかかわらず、完成を待たずに他界された故後藤たかさんと、看病のなか引き継いで助言してくれた後藤三郎さんに本書を捧げます。

2019年6月

宇崎　勝

目　　次

STEP 6 | 本業支援の方向性の見立て ……………………… 141

製造業支援のあり方と
本書の構成

本書は、以下の３点を意識して著しました。この３点については、意外に踏み込まれてこなかった視点であり、筆者としてもこだわったポイントです。特に金融機関が短期的収益を目指してしまうと欠けてしまいがちなので、事業者との信頼関係を構築するためにも意識するとよいでしょう。

①　取引先本位＝事業者目線である

②　指導ではなく、後押しするスタイルの支援を志向する

③　現場で使える

　①については、「金融機関目線ではない」ために、金融機関にとって苦いことを申し上げることになるかもしれませんが、いまはビジネスモデルの変革期──つまり“守破離”でいうところの“破”の時期──であり、（同業間の生残り競争ではなく）本質に立ち戻って取引先から支持が得られる取組みを推し進めるためにも必要な視点であると思っています。

　実務上も、支援する過程で事業の計画／実行のギャップをより的確に把握できることで、与信をとるコスト（信用コスト）が低減できるはずです。債務者区分にとらわれずに、リスクをとり事業を継続・成長させていく企業を見極め、本業支援と金融機能で貢献していくことを各担当者が行えるというのが理想です。そして、こういった企業群が地域に広がることで、地域企業全体のバランスシートが厚くなり、地域金融機関の事業基盤が盤石になっていくということが、これからの地域金融機関の生残りに向けた仮説ではないでしょうか。金融機関の回収目線だけでは、事業者の成長は見込めません。

　かといって、取引先側のいうことをすべて聞けばよいということではありません。特に製造業にはこだわりの強い人が多いように感じます。そのためユーザーのニーズをふまえずに「最新設備を導入すれば仕事が来るだろう」という思い込みだけで、身の丈にあわない設備投資など「やりたいことをやりたいようにやる」判断をしてしまう場合も少なくありません。経営者の好みで設備投資したり、開発投資したりすることが、事業基盤を削いでしまうことにつながることもあります。大事なのは、事業者と一緒に考えて、「やりたいことを求められるようにやる」ことで、エンドユーザーに支持される

製品・サービスを創出し、経営成績を向上させていくことなのです。

　特に小規模事業者では、そういった経営のアドバイスを提供する第三者がおらずにビジネス機会を喪失していることも散見されます。製造業の支援となると、生産や在庫の管理を「どう効率的にやるか」というイメージをもつ金融機関は少なくありません。しかし、町工場の支援で求められているのは、経営を安定・継続させるために「何をやるか」ということです。コンサルタントに依頼するにしても、コスト負担は小さくありません。トップライン（売上高をあげる）支援には、保有するネットワーク次第ですがコンサルタントより金融機関や支援機関のほうが優れている場合も少なくありません。ぜひ、取引先のビジネスを成功に導くという目的で顧客と接し、事業者目線で経営成績を上げるための施策を考え、実行していただきたいと思います。

　②については、本業支援というと「コンサルティング機能の発揮」ということが叫ばれており、金融機関が取引先の指導をしなくてはならないと解釈されることも少なくありません。しかし、指導するレベルにならなくても本業支援は可能です。

　地域金融機関はお金のプロなので、中小企業に対する本業支援としてキャッシュフローが回るためのアドバイスを第一に考えているところが多く、実際に財務分析などをして経営改善計画を一緒に考え、実行に移していくことを指向している金融機関もみられます。しかし、（今後の伸び代が大きいと思われる）正常先下位以下の企業群では、残念ながら財務に対する認識や体制がもう一歩というところも少なくありません。そういった企業群には、財務のアドバイスから入っても腹落ちしないのが常です。それらに対する処方箋として、「外部でないと提供できない機会の提供」があります。中小製造業が本当に求めていることが「新しいきっかけ」であるということは、企業回りを続けている筆者が痛感することです。新しい取引先だったり、新しい技術であったり、新しい仕入先であったり、自分たち単独では知りえなかった世界をみせてあげるのが、お金にかえがたいメリットなので

す。地域金融機関のビジネスモデルの角度からみれば、提供する金融機関側のコストもあまりかからず、付加価値として非常に高いサービスともいえます。新しい取引先が見つかり、そこに対処しなくてはならなくなったときに、初めて財務のアドバイスが腹落ちするのです。金融機関から提供された具体的なきっかけであるからこそ、取引先はそのつながりを断たれないようにしながらも引き付けて考えるでしょう。

　③については、必要なことですが、多種多様な中小企業に対して共通的に使える本業支援版の"伝家の宝刀"があるわけではありません。しかし、そのために製造業の支援に苦手意識をもってしまい、避けてきた金融機関も少なくありません。そのため全体的に取引先への"突っ込み"が少なくなっているように思えます。

　企業訪問の場で、筆者が２時間ほど取引先の社長と話をするような機会があると、「あれほど無口であった社長が２時間も話すとは思わなかった」「生き生きと前のめりになって社長が事業のことを語ってくれた」という驚きにも似たご感想をいただくことがあります。裏を返すと、金融機関担当者の対話力が落ちており、取引先の事業内容を把握しきれていないということかもしれません。多くの若い金融機関担当者と企業訪問へ同行した経験からも、平均的に"聞くこと""メモすること"の絶対量が少ない印象をもちます。

　取引先の社長は、事業について"話したいことを話し切れていない状態"にあるともいえます。毎日黙々と製品や機械に向き合って技術や技能を高めてきた方々が、「これだけ頑張ってきたことをわかってほしい」という気持ちをもつのもわかります。まず担当者が「わかってあげること」ができれば、他行との差別化の第一歩になります。だからといって、技術の理解をすることが第一義ではなく、頑張ってきたことがどういう付加価値になってお金を生んでいるかを理解することが最優先に把握すべき事項なのです。

　これらの３つの視点に基づいて、本書では製造業の事業性評価と本業支援の進め方を次の８つのステップで解説しています。

　本業支援が本格化してこないのは、テクニックの問題より、意識の問題が

大きいと筆者は考えており、進めるうえでの心構えと全体感をSTEP 1で表しました。それに引き続き、「聴き方」と「とらえ方」の下地づくりについて説明します。

　STEP 2では事業性を評価するための「引き出し」を紹介します。後章と重複する内容もありますが、取引先の事業のとらえ方の大枠を提示します。その根幹は、取引先の創出する付加価値です。

　STEP 3では、付加価値をとらえるうえでの枠組みとして有効なバリューチェーンについて解説します。

　STEP 4では、具体的に製造業がどんな強みを出しているかについて解説します。事業の理解に必要な加工法などの基本的な知識にも触れています。

　事業のとらえ方がわかったところで、STEP 5では取引先へのインタビューの実践方法を示します。聴くべき事項、質問の仕方などの現場で使えるテクニックに加えて、インタビューシートなどのツールも紹介します。

　インタビューが終わった後は、STEP 6として内容の整理と取引先の事業分析の仕方を説明します。事業性評価にあたって何を考えるべきかということを提示し、SWOT分析での強み・弱みの抽出の注意点、具体的な方向性策定の考え方を述べていきます。

　その方向性をふまえて、STEP 7では支援を具体化する際に必要な情報収集の方法を紹介します。

　STEP 8では、金融機関や支援機関における最も有効な支援手段として、マッチングの進め方と事例を紹介します。

　最後のSTEP 9では、点としての個社支援を継続した次のステージとして、地域での面的な展開の可能性を示します。

　なお、本書での頻出する長い用語については、以下のように略語を取り決めております。

「取引先」＝支援対象企業

「事業者」＝個人事業主、中小企業を包含する

「金融機関」＝地域金融機関（地方銀行、信用金庫、信用組合等）

本業支援の心構えと全体感

　本章では、法人担当として事業者とどういうかかわり方をすべきかということを説明します。事業者に対して一歩踏み込めないのは、その前に心構えをもっていないこともその一因です。事業者と話を深めていくテクニックの前に、信頼を得るために必要な事業者への対し方を考えていきます。また、これから進める本業支援の全体感についても簡単に解説します。

Aさんは、入行8年目の若手行員です。この春の人事異動で工業都市の支店に配属されました。いままで勤務していた2店舗は住宅地にある支店で、Aさんも個人向けに住宅ローンの営業をしたり、預り資産などの取扱いをしたりすることが主な業務でした。そのため法人担当は実質初めてです。そのような状況で翌週初めて町工場に配属の挨拶をしにいくことになりました。製造業の経営者は、頑固そうなイメージもあります。さて、どうしようか。黙ってやり過ごしたほうがよいか……いろいろなことが頭のなかをよぎります。先輩のなかには、別の会社で3時間ちんぷんかんぷんな話を一方的にされて、次の日にあらためて訪問すると「なんだ、昨日話したのに全然わかってないのか」と怒られた人もいます。そんなことを聞くと段々不安になってきました。

　Aさんのような状況は、金融機関の営業店ではよくあることでしょう。さて、こんな場合はどうすればよいのでしょうか。まず申し上げたいのは、「逃げてはいけない」ということです。しかし、根性論では限界があることは他言を要しません。逃げてしまいたいという意識の裏側には、融資につなげるという必要性がありながら、相手のことがわかっていないという不安感から来るものなのでしょう。筆者が現場でお会いする担当者のなかには、後ろめたさのような気持ちが付きまとっている方も少なくありません。

　地域金融機関の経営環境の厳しさについては、各所で言及されています。そういった危機感から事業性評価や本業支援を強化する流れになっているのでしょうが、筆者にはその危機感が金融機関担当者の行動変革までには至っていないように感じます。事業性評価や本業支援という取組みは、金融当局が以前から求めていながらも（これまでできていない）地域金融機関のビジネスモデルの重要施策であるので、担当者の行動を変えるぐらいの強制力が働かないと定着がむずかしいのではないでしょうか。言い換えれば、担当者

の行動の価値観を変えることが本業支援の第一歩なのです。

　本章では融資や本業支援のあり方を少し俯瞰してとらえて、その意義を明確にして、本業支援にあたる前の心構えと進め方をテーマに考えていきたいと思います。

1 本業支援の心構え

　筆者が考える本業支援とは、「取引先の事業のありのままを立体的にとらえ、そこからお仕着せでない方向性を助言し、行動への橋渡しをして、成長を促す」ことです。中小企業の経営環境は多種多様なので、取引先の置かれた状況をまずしっかり受け止めて、そこを出発点に経営者の腹に落ちる方向を指し示して、一緒に将来に向けて進めていくことが求められます。

　その観点から、筆者が現場で金融機関担当者と接しているなかで、本業支援の進まない理由として感じるのは以下の5つです。

・数字をつくるために無理にでも支援しなくてはならない

・要注意先などには、あまり深入りしたくない

・異動もあるし、早い時期に成果をあげたい

・訪問先も時間がないし、話は手短に切り上げたい

・そもそも営業店担当者は教育を受けていないので支援できない

　こういった傾向からは、取引先への本業支援が、金融機関の本業になっていないことを感じます。しかし、どうでしょう。アマゾンなどがアメリカの小売業のあり方を変えてしまったことなど、ICT技術の発展等によりボーダーレスにこれまでのビジネスの根底を覆すような地殻変動が起きています。顧客に付加価値を認めてもらえないビジネスは、退場を迫られる動きが金融業界にも必ず押し寄せてきます。

　取引先に支持されるためにも本業支援は大きな武器となります。頭一つ抜き出たサービスをするためにも心構えとして意識していただきたいのは以下の5点です。これらは、上記の5つの進まない理由の対極にあります。

(1)　おせっかいの姿勢をもつ

　本業支援を進めるにあたって注意したいのが、取引先と築く関係性です。その関係性とは、取引先の信頼を獲得し、成長の後押しをする役になることです。関係向上を目指すために、取引先に対して極端にへりくだったりする必要はありません。健全な貸し手と借り手として、対等な関係を築かなければ、いわなければいけないこともいえない関係になってしまうからです。

　あらためて問い直したいのは、取引先と金融機関それぞれのあり方なのです。金融機関が取引先と"相対して"とるか／とられるかというゼロサム的な関係性を無意識に選択しているように思えます。お互いのあり方として、それでよいのでしょうか。それでは、「お礼を期待する下心から、求められていない手伝いをしている」ような状況ではないでしょうか。困っている人は、「困り事を察して、そっと手伝ってくれる」人にお礼をしたいと思うはずです。当然ビジネスなので、厳しい相対関係になるのは仕方ない面もあります。ただ、オーバーバンキングと呼ばれる過当競争状況では、競合と同様のビジネスモデルでの生存競争をして利益を削っていく（「囚人のジレンマ」ともいいます）よりも、新しい価値を提供することで取引先に選ばれる金融機関になり、局面打開を図っていくほうが経営戦略上も有効だと思われます。具体的にいえば「事業者の担保ばかりに目がいってしまい、必要なときに資金が供給されない」という相対の関係性よりも、取引先の進みたい方向を本業支援で後押しする関係性が求められているのです。そのためには、取引先に先回りして本業をよくするぐらいのおせっかいの姿勢があるぐらいでよいのです。

　最近、金融庁の行政方針にも「共通価値の創造」というキーワードが登場していますが、これはまさにお互いが同じ頂に価値を見出して、その方向を向いて一緒に進んでいく姿勢です。さらに一歩進み、取引先の成長という同じ頂を目指し、当事者意識をもって頼まれてもいないのに取引先の事業を時

には金融機関が引っ張り上げたり、後押しをしたりして支援ができれば、盤石の関係性が築けます。

　個人保証して借入れし従業員を雇用していることが多い中小企業経営者は、ことの外、金融機関が自社と向き合っているかという姿勢に敏感です。当事者として「（取引先の）売上をあげたい」という共通価値への意識があることは、信頼感を増すことにつながります。一朝一夕で本業支援の大きな成果が出るわけではないですが、小さな成果を積み上げることで取引先は評価してくれます。そうして得られた支援の当事者としての喜びが、次の支援への原動力になるのです。

(2)　債務者区分を一瞬忘れ、事業の可能性を見つめる

　近年、金融行政の方針はたえず変化しており、金融検査マニュアルも廃止されることになっていますが、金融機関の自己査定に基づく債務者区分や信用格付は、いまでも融資スタンスを決めるうえでは、一定程度の重要性をもつ指標です。もちろん「借りたお金をきちんと返す」という原則から、貸出金の原資が預金であることに鑑みれば、回収のために財務状況や担保・保証について一定の評価軸を置かなければいけないことは理解できます。しかし、ICT技術などにより情報の伝達や拡散するスピードが急増した近年では、リスクをとって差別化できていない事業は、価格差の情報があっという間に回り、アービトラージ（裁定取引：鞘取り）が進み、どんどん利鞘が削られていく傾向にあることは疑いようがありません。

　そのため今後の流れとして、金融機関のあげるリターンの観点から、いかにリスクをとった融資を実行できるかが重要課題となってくるでしょう。そこでリスク管理の点でも、取引先の支援をして経営成績を向上させながら融資することが有効と思われます。取引先の事業をみて融資ができれば、表面上の債務者区分とのギャップがあればあるほど（リスクをとることになるので）、利鞘は稼ぐことができるでしょう。

営業経験者であれば、だれしも経験することかもしれませんが、債務者区分が優良な取引先に行ってみると、自己資金だけで事業を回せるピカピカのバランスシートをもっているため、そもそも資金の需要がなく、入り込めないということはよくあります。そういう場合は、仮にお付合い程度で借りてくれたとしても、期待したほど自分の数字にはつながりません。一方、債務者区分が思ったほどよくなければ、他行からもよい条件をもらえていないはずですから、絶好のチャンスなのです。下請体質でずっとやってきたことで、新規事業などにも取り組んでいなかったのであれば、支援をして新規の売上をつくっていくことで、必要な設備資金や増加運転資金なども期待できます。債務者区分という色眼鏡を外して、事業そのものをみることが地域金融機関の今後のビジネスモデルでは欠かすことのできない要素なのです。

　実際、これらの金融機関による事業性評価は、取引先も歓迎する動きなのです。ある企業経営者が、「企業経営していれば、重要局面で投資したりなどの浮き沈みはある。ある局面の業績や数字だけを単純に判断されたくない。浮き沈みも想定して、中長期的に業績を考えているのが本当によい会社なのではないか」といっていましたが、これは、多くの経営者が共感する意見だと思います。短期的な数字だけを求めて安易な肩代わりを提案してくる金融機関を、企業側も信用するとは思えません。なぜなら悪い局面になったときにはしごを外されることが想像できるからです。よい取引先に限って、金融機関との相互な信頼関係を重視する傾向があるように感じます。

　債務者区分に関係なく、まだ成長余地のある取引先を支援することで、信頼関係を築き、資金需要を創出して、よい条件で融資できるようにしていきたいものです。

(3)　一期一会のネットワークを大事にする

　本業支援ができるようになると、担当者のネットワークが強化されるようになります。筆者からみると、同じ金融機関内の異なる支店同士でのビジネ

スマッチングなどが容易にできる企業群があるのに、担当者がつなげないことで機会を逃していることが多いと感じます。

　たとえば、こんなことがありました。ある金融機関のＡ支店のお客様は、パッケージ製品を開発しているソフトウェア会社Ｂ社でした。Ｂ社から「自社パッケージにビッグデータやIoTの機能を取り込んでいきたい」との要望を受けたＡ支店の担当者は、どう処理すべきか迷って、外部のコーディネータである筆者のところに相談してきました。筆者は近隣で対応できそうな会社Ｃ社を思いついたのでＢ社とＣ社の面談を設定しました。そうしたところＣ社に帯同してきたのは、同じ金融機関の本部の企業支援担当者でした。本部の担当者は、自社の顧客の情報は収集できる立場であるはずです。にもかかわらず、マッチングで主導的役割は果たせず、以後の対象企業間のやりとりについては、金融機関を通らずに進んでいきました。

　もし金融機関の内部で情報が有機的に展開されていれば、外部の人間に頼らずとも自分たち金融機関の成果として、ここを起点に発生する融資などは取り込むことができたでしょう。こういう情報の無機化は、もったいないことです。人事異動がその理由かもしれませんが、それによりいままで築きあげた顧客資産がリセットされるのは、活用方法がなかったからではないでしょうか。うがった見方をすれば、活用可能なネットワークとして意識して、企業データの蓄積を前提とした顧客とのかかわり方をすることが奨励されてこなかったからではないでしょうか。ぜひ一期一会の心構えで、企業ネットワークを構築することを目指して、顧客とかかわっていただきたいのです。

⑷　うまく話そうと思わず、十分に聴く時間をとる

　成績のよいセールスマンは、短い訪問時間で要領よく話をまとめていくというイメージがあるのか、法人営業担当に「とにかく訪問せよ」との号令のもと、１件当りの滞在時間を短くして、１日の訪問件数をノルマ的に課す営

業方針をとっている金融機関も少なくありません。

また、担当者側も製造業の知識がないため間がもたずに、「なるべく短い時間で」と切り上げる傾向が強いのも否めません。話題がないのに長く滞在しなくてはならないのは、非常につらいことです。

しかし、あらためて考えてみてください。訪問は目的ではありません。先の(2)や(3)でも示したように、訪問を手段として信頼関係を構築することが目的なのです。取引先のことがよくわかっていないのに、逃げ帰るような訪問しかしていない担当者に対して取引先は信頼感をもってくれるでしょうか。また、口がうまいだけの担当者に絶対的な信頼感を抱いてくれるでしょうか。その質問には否と答える方が多いでしょう。

信頼関係を構築するには、まず取引先にしっかり向き合うこと、そして、しっかり相手の考えていることを聴くことが第一歩です。効率よいセールスのためには短く時間を切ることが重要かもしれませんが、取引先の悩みを知って解決の糸口を一緒に考えるというスタンスでコンサルタント的に接していれば経営者は歓迎するものです。相談費用のかからないコンサルタントならまず話をしたいというのが、経営者の本音ではないでしょうか。

だいたい取引先と話すのは30分ぐらいで、趣味の話が続けば1時間ぐらいできるといったところが平均的な担当者の会話時間と思います。これ以上、長くすることに抵抗はあるかもしれません。しかし、事業の話をもっと掘り下げれば、時間は自然と長くなるものです。工場見学まで含めると初回訪問時は、だいたい1.5時間でも短いほうで2時間程度をいただくのが望ましいです。2時間というのは毎回続くわけではありません。1回行って会社の強みが分析できれば、その後は新しい情報の確認や提案事項に対するフォローなどなので、そこまで時間は必要ないはずです。そのため初回は、事業内容を掘り下げる機会として、あらためて経営者に時間をつくっていただくよう、お願いをすべきです。

こちらが積極的に話すことはなく、あらためて"初見の体で"聴くことに徹してください。ポイントは、情緒的にならずに、論理的／計量的に事業を

理解するということにあります。まずは、経営学の知識を駆使することなどは必要なく、取引先にどういうルートでモノを納めているかなど商流や物流に関することや客先からの評価を聴けばよいのです。この具体的な進め方は、STEP 5 で解説します。

　製造業への理解を妨げている原因の 1 つとして「知識がないと技術や機械はわからない」という先入観があります。せっかく経営者が一度説明したにもかかわらず、わからないことを理由に説明を記憶していない金融機関担当者は結構みられます。そうすると新規設備導入の際の設備資金の稟議の起案時に、経営者には再び説明をお願いすることになり、「わかっていないなぁ」と思わせてしまうことが往々にしてあります。「何を目的とした設備であるか」という解釈をはっきりさせれば、このようなことは起きにくくなります。そのためにも機械や製品をみた印象をもっと大事にしてほしいのです。たとえば、「思ったより小型のアルミ製品だ」とか「がっちりした大きな機械」といった印象を記憶しておくことです。訪問企業が増え、それらの印象が蓄積されると、それぞれの比較ができるようになります。たとえば、「A社より B 社のほうが小さい製品をつくっている」「C 社のほうが D 社より大きな機械がある」という記憶を活用することで、ビジネスマッチングの依頼があったときは、「小さい製品の依頼なので B 社にお願いしよう」とか、「大型の切削品なので C 社にまず聞いてみよう」という意味のある判断ができるのです。場数を踏むこととその意味づけをしっかりすることで、支援能力は向上していきます。

⑸　どんどん質問し、自分の言葉で意見する

　金融機関と製造業の距離感が縮まらない原因は、金融機関側の問題だけではなく、製造業側も（具体的な融資の話以外に）金融機関との接点をどこにもっておけばよいかわからないということにもあります。歩み寄りができないことで、お互いが当たり障りのない話にしかならないのではないでしょう

か。だからといって、技術的な理論武装をして対話をすることまでは必要ないように思えます。技術については、多種多様な分野があり、年間30万件近い特許が国内で出願されています。これらを網羅していくことは、まず不可能と考えてよいでしょう。

　そのためお勧めしたいのは、技術の知識を固めてから支援するのではなく、支援しながら質問をして覚えていくことです。いまだからいえることですが、筆者自身も支援機関で地域企業支援を始めた頃は、機械加工は専門外であったので、工作機械の区別は明確についていませんでした。わからない状態であっても、訪問と質問を繰り返して、さらに復習するかたちで調べることを継続していくと、それなりに支援できるレベルにはなります。これから皆さんが進めようとしているのは、技術のエキスパートになることではなく、経営支援です。投げかけるべき質問のポイントは、「事業の観点からは、この技術はどういう意味をもつのか」とか、「経営の観点からは、この技術はどういう付加価値を出しているのか」ということになります。この点については、STEP 5 のインタビューの実践方法において、もう少し詳細に解説します。

　「しつこく聞くと嫌がられるかも……」と思うかもしれませんが、逆にそこまで踏み込むと「うちの仕事に関心をもってくれている」と取引先の経営者の胸襟を開くことができます。勉強しながら技術・技能を身につけてきた経営者は、自分のやってきたことに誇りをもっており、それを伝えたい気持ちが強い傾向がみられます。

　たとえ最初は、「馬鹿なことを聞くな」というような質問を受けていても、それを続けていき、深い質問ができるようになると、その担当者の貪欲な姿勢に対して経営者は「侮れない」という気になるはずです。そうすると取引先との関係は変わります。コンサルティング機能の発揮は、この関係性が変わることではじめて成し遂げられるのです。上から目線で現場を尊重しないコンサルタントを、特に製造業の経営者は好みません。経営者は、「うちのことをわかってくれて、新しい視点をくれる人」を頼りたいのです。

また、頼られる場面をつくるには、経営者から「どう思うか」という質問があったときに誠実に当事者として自分の言葉で答えることが効果的です。決して、一般論を立板に水のように定型的に話しても事業者には響きません。担当者に尋ねるのは、「金融機関としてどうみているかを本音で知りたい」場合が少なくありません。漠然とした不透明感を感じたときに、「あの人ならどう考えるか」と思い出してもらえるような存在になるために大事なのは、自分の言葉で語ることです。

2 本業支援の全体感

　前述したように本業支援は、相手を尊重し「相手ありき」で進めるべきことです。そのため経営者に伴走するように、タイムリーに相手の状況を受けて、できることを一緒に考えていくこととなります。あるべき論が現状と乖離していると感じさせないように、ステップ・バイ・ステップでステージをあげていくように支援していきたいものです。

　そのために、伴走して支援するための、(1)流れ（支援のストーリー）と(2)体制づくりを意識していかなくてはなりません。

(1)　流　　れ

　支援において重要なのは、その流れやストーリーです。たとえば、セミナー等のイベントを開催して動員人数を成果として評価しても、取引先に具体的にどういう変化が起きたかというのはわかりません。そのセミナーから取引先が具体的なアクションを起こす状況をフォローするストーリーが描けると、取引先の事業上の成果もみえてきて理想的です。

　ただ、本章の冒頭でも述べましたが、本業支援の要諦は、相手（取引先）の状況をふまえて、決してお仕着せにならないようにしながら一歩一歩進めるということです。その観点に立つと、「取引先の状況をふまえる」＝「現状整理」、「一歩一歩進める」＝「新しい事業展開への後押し」の２つが本業支援の大枠として期待される内容です。

　もう少し詳しく、①現状整理と②新しい事業展開への後押しについて説明します。

　まず、①現状整理については、経営者と認識を１つにすることを目的として進めることです。その入口の施策は、経営者インタビューです。ただ、漫

然とインタビューするのではなく、金融機関も仮説を準備してインタビューに臨むことが必要です。経営者を尊重し過ぎてしまうと、経営者自身の現状認識がずれていたときの補正機能が働きません。"経営者の認識への違和感"をとらえるためにも仮説は欠かせません。経営者の認識と第三者がみた認識のズレなどは、後から改善すべき課題となります。

とはいえ、1回のインタビューで正確な現状を認識することは簡単ではありません。むしろ不可能といえるかもしれません。筆者は、初回の訪問で65点レベルと割り切ってインタビューしています。イメージとしては、遺跡発掘にたとえるのは少々無理があるかもしれませんが、こつこつと掘削を進め取引先の事業の輪郭を浮かび上がらせていくようなものかもしれません。そのため一気に理解することは諦めて、リレーション（関係性）の向上を目指すようにしましょう。リレーションを向上させるためには、聞く姿勢・理解しようと努める姿勢をみせることが有効です。リレーションが築けていれば、伴走しながら、一緒に考えて、気づきを得る場面ができ、現状の見える化／数値化などが進みます。

②の新しい事業展開への後押しの目的は、事業ステージを変えることです。取引先が立つ「舞台」を変えることを本業支援のいちばんの成果と考えるからです。特に下請型中小企業では、同じ親会社から与えられた役割をこなし続ける、（言い換えると）同じ舞台に立ち続けたことで、せっかく強みがあるのにほかからの評価が得られる環境にない会社がたくさんあります。地域外などへ出ていけば十分新しい仕事を獲得できる実力がある取引先を、金融機関が押し上げることができれば、大きな効果となります。

取引先のステージを押し上げるための打ち手としては、新しい事業を展開する際に中小企業に不足しがちな経営資源を補うことがあります。具体的には、(i)開発／設備資金の調達、(ii)協業先／人材の確保、(iii)販路やユーザーの紹介などがあります。(i)～(iii)の打ち手は、引き合わせること、すなわちマッチングです。ビジネスマッチングという言葉は、取引先の紹介というイメージをもちがちですが、筆者は、新しいきっかけづくりの施策として、"出会

いの場の設定"という意味でマッチングという言葉を使っています。マッチングにより得られる気づきは、取引先にとってはそれまで想像できない情報を含んでいたりします。そのような情報の媒介者となることで金融機関をみる目も変わってきます。

　①から②へは、順次進むのではなく、行き来しながら進むものです。取引先への理解の質が上がると、提案の質が上がるという相乗効果があります。そうすれば金融機関による支援の効果も上がります。良好な関係性を基にした事業計画策定やビジネスマッチングなどの場面が、取引先の事業の輪郭を浮かび上がらせていく機会にもなり、そこからの気づきでさらなる新事業展開につながるといったケースもあります。事業にかかわる節目節目にいちばんに相談される関係性を構築することで、理解と提案の質を高めて、他行に対して先んじた提案ができるなど有利な状況を築けることが理想のかたちです。取引先が今後の展開などに悩んでいるときにいちばんに相談したいと思える金融機関を、筆者は「心のメインバンク」と名づけています。融資のロットに制約があることでメインバンクになるのがむずかしい場合でも、最初によい条件で声がかかるような存在であることがそのイメージです。本業支援のゴールは、まさに「心のメインバンク」になるということです。取引先とのリレーションが向上して、心のメインバンクになれれば、本業支援のさまざまなステージでの資金需要の糸口をいちばんにとらえることができます。具体的には、(i)補助金等を活用しての開発／設備における資金需要、(ii)協業先の紹介などで新規取引増加による運転資金需要、人材確保の協力による規模拡大に伴う給与や事業所移転の資金需要、(iii)販路やユーザーの紹介による運転資金需要などの取込みなどです。また、これらの支援を伴走的に進めることで、与信の精度が上がってくるでしょう。

　以上のことをまとめて、金融機関の打ち手と取引先の動き、両者の関係性の変化を整理して、示すと図表1－1のようになります。

図表1－1　金融機関による本業支援とその効果の全体像

取引先との関係性の変化	取引先の動き	地域金融機関の打ち手

新規事業展開——　事業ステージを変える支援

| 運転資金の規模拡大 | ← | 売上規模拡大 | ← | ビジネスマッチング |

| 中長期的与信 |

| 新規取引による相互の資金需要 | ← | 協業先／人材確保 | ← | パートナー／人材マッチング |

| 拡張／移転に係る資金需要 |

| 新規設備資金需要 | ← | 開発／設備投資 | ← | 補助金等紹介・支援 |

現状整理——　コミュニケーション深化

| | | 今後の展開方法 | ← | 事業計画策定支援 |

| リレーション向上 | ← | | ← | 経営者インタビュー |

| | | 経営課題明確化 | ← | 支援仮説構築 |

(2)　体制づくり

　図表1－1に掲げた本業支援における活動としては、時系列的に大きく3つ、①企画、②訪問調査、③個別支援に分けられます。それぞれをもう少し具体的に説明し、担当者がどのように動くべきかをここでは示します。本業支援のイメージが浸透しきっていない現状では、最前線の営業担当者と本部との保有している情報や意識のギャップが大きく、各担当者が連携して動ける体制づくりが成功要因となります。体制づくりも含めて、各活動の概要を

解説します。

① 　企画……金融機関としての取引先支援方針や制度・イベントなどの企画を指します。具体的には、どの程度企業訪問をするか、無料の専門家相談制度などを設けるか、事業承継に関するセミナーを年間２回ほど開催するかなど、予算化や人員配置を含めて検討することとなります。金融機関で予算化して進めることですから、コスト合理性の高い本業支援を追求する観点で、融資や営業の現場からのニーズをふまえた施策立案が望まれます。立案者は、事業者の求めていることを肌感覚で理解するためにも、②の訪問調査をお勧めします。また本部で支援方針を立案しても、実現するにあたっては営業店との連携が欠かせません。そういった連携の仕方や役割分担を含めた企画が求められます。

② 　訪問調査……文字どおり取引先への個別の訪問調査を指します。筆者がかかわっている金融機関では、取引先の状況把握と支援仮説の策定を目的として、キャラバン隊と称した企業訪問活動を進めているところが多くあります。自治体や支援機関と金融機関が連携して訪問活動を進めているところもありますが、近年では独自でキャラバン隊を編成している金融機関も出てきています。特に課題解決するものではなく、インタビューを中心として調査に徹することとなります。ここで目指すのは、「問題の課題化」すなわち、経営者の頭のなかにある「何か新しいことをしなくては……」といった漠然とした問題を聴き取り、解きほぐすように「公的施策である経営革新制度を活用した新規事業計画の策定」という課題に変換をして腹落ちしてもらうことです。取引先の強み、課題の把握が主目的で時間をかけてしっかり聴き取ることが必要です。それに加えて、できれば「今後、こんなことをやってはどうか」といった支援仮説も提示してみましょう。その観点からは、同時に複数名の関係者が訪問することが望ましいといえます。なぜならば、取引先の経営課題は多様であり、１人の担当者の得意ジャンルだけでカバーすることがむずかしいからです。訪問した関係者それぞれの有する情報やネットワークをその場で提示できることか

ら、アイデアがその場で生まれ、相乗効果にもつながることがあります。提示した内容に対して取引先がどういう反応を示すかにより次のアクションをどのタイミングでするかということが決まります。複数名で訪問すれば、提示できる情報量も増えるため、1回で支援の時間軸の見立てができることとなります。そのための感触も確かめることが大事となります。ただ、複数名いればよいというわけではなく、提案する内容がないのに面談に参加している担当者が目立つようだと逆効果となります。何も話さない担当者は取引先の印象に残らないだけでなく、名刺交換した人数が多くなることで本当によい提案をした担当者の名前も覚えられなくなってしまうことがよくあるからです。

③　個別支援……訪問後は、②により出てきた課題を個別に解決する支援に移行することとなります。代表的な個別支援策として、ビジネスマッチング、課題分析、文書作成支援、（製品開発等の）プロジェクト管理、広報支援などがあげられます。②同様に本部と営業店の連携がありますが、それに加えて専門家の活用機会が増えてくるので、外部との連携も考えなくてはなりません。自社で雇用したり、外部専門家と契約したりしてコーディネータを活用する金融機関も増えてきました。情報が集約する拠点を開設し、専門の技術コーディネータを配置して、取引先へ提供する情報の質の向上を図るなど本格的に取り組んでいる金融機関もあります。

　上記の①〜③をみると、金融機関の（現在の）本業以外の仕事としてはマンパワーの負担の大きいことは推測されることです。特に事業性評価や本業支援を進めたい本部と目標数値達成に日々汗をかいている現場である営業店との間では、本業支援への意識への乖離があることは否めません。いくつかの金融機関にヒアリングすると、「本業支援にそこまでの手間をかけられない」という声も聴きます。たしかに効率は悪いですが、（地域への波及も含めた）効果が大きい取組みだと筆者は考えています。事業性評価の取組みは短期的な期間収益のための取組みではなく、「中長期的な取組み」であり、地域金融機関として「持続可能」なビジネスモデルの構築のために必要な取組

みの一環です。そのため、マンパワーを最適化するためにも「どういうスキルをもった担当者が何を担当するか」という支援体制について金融機関内でコンセンサスを得ることが成功のためのカギとなります。

　前項で言及した活動項目（企画、訪問調査、個別支援）についての標準的な役割分担の一例として、図表1－2を掲げます。

　本部の担うべき機能としては、支援制度の企画や制度活用の窓口となり、支援の司令塔としての専門性を高めていくことです。支援制度の活用の具体的なノウハウを蓄積しながら、取引先の課題分析や補助金等の公的施策の申請書作成や営業資料や事業計画などの文書作成にかかわっていく役割となります。また、取引先の新製品情報などを新聞やテレビのようなメディアにつないでいく役割も担いたいところです。一方で、専門的な知識やスキル等が必要な場合は、専門家を活用して支援します。課題分析や文書作成支援など

図表1－2　金融機関の本業支援における役割分担

	本部	営業店	コーディネータ
支援制度企画	◎		
支援制度窓口	◎		
企業窓口		◎	
訪問調整		◎	
ビジネスマッチング	分担が課題		◎
課題分析	◎		◎
文書作成支援	◎		◎
プロジェクト管理	分担が課題		◎
広報支援	◎		

で金融機関担当者が言いにくい意見なども出てくる場合がありますので、そういったケースでは専門家の活用が望まれます。また、新製品開発等のプロジェクトでもマネージャー的な役割は、同様に厳しいこともいわなくてはならないケースも出てくるので外部の専門家に担わせることが望ましいケースがあります。取引先との窓口機能を組織として維持するためには、本質的に切り込むような支援場面では、外部の専門家に踏み込んでもらうほうがよいでしょう。ただ、任せきりではなくて、適宜情報共有と進捗管理はすべきです。営業店は、企業との窓口役として、取引先に寄り添ったポジションであることが望ましい姿です。訪問日程の調整や取引先の意向の吸い上げなどを営業店主導で進めるのが理想的です。

　ここでむずかしいのは、マッチングやプロジェクト管理（図表１－２）など、内容も深く、企業とのかかわりも深くなる傾向の強い支援内容をどのように分担していくかという点です。これについては属人的な面もあり支援を進めながら判断をしていくことになるでしょう。この点は、取引先からの評価をいちばんにして、評価を吸い上げられる仕組みを本部は考えていくことになります。

　本部と営業店の数のバランスも体制づくりにあたっては、考慮すべき事項です。店舗数の少ない金融機関では、少人数がゆえの利点もあります。新潟県の柏崎信用金庫は、営業店７店舗、職員約100名の体制で地域企業との顔がみえる関係も構築されており、人事異動などでほぼすべての営業店事情がみえていることから本部と営業店の壁も低く、情報共有なども含めてよい体制で本業支援が進められています。店舗数の多い金融機関では、本部側のエリアや機能の分担をよく設計して取り組んでいくことがポイントとなります。

　また、自治体や支援機関の機能が充実している地域では、これらとの連携をよく図っていくことで支援のレバレッジが効いてきます。川崎市では、市の支援機関である（公財）川崎市産業振興財団が横浜銀行、きらぼし銀行、川崎信用金庫から出向者を受け入れており、市などの公的施策活用を出向元

に展開することで費用対効果の高い支援を実現しています。

　以上をまとめると本業支援を強化するには、組織としての集団的なセールス体制が望ましいということなのです。金融機関内外の支援人員とそれを配置した体制を、支援に取り組む前にかたちづくっていくことが求められます。

本業支援に向けた
事業性評価のポイント

　前章では事業者とのかかわりのもち方という本業支援の入口について解説しましたが、本章では、次のステップとして事業性評価のポイントを簡単に説明します。事業性の理解が正しくないと支援策も正しいものとなりません。まずは、支援の全体感をつくるためにどういう事業性評価をすべきかのポイントについて説明します。

　支援するという心構えはできて少し楽になったＡさんでしたが、「何を目的に対話を進めてよいのか」ということに悩んでしまいました。心構えはたしかにあっても、支援することのイメージがないからです。先輩にも聞いてみましたが、「お客様１社にそこまで時間はかけられないから。やれることには限界があるし……」という消極的な返事です。

　Ａさんのような悩みをもっている金融機関担当者は多いのではないでしょうか。融資案件をまとめることさえむずかしいのに、取引先の売上をあげたりするような支援のイメージをもつことは、かなりむずかしいことと感じられるでしょう。その最大の理由は、金融機関と製造業の事業形態の違いにあると筆者は考えています。特に、投資、値決め、業務管理という製造業では練度の高い業務を経験したことのある金融機関担当者は少ないため、投資して種まきした新事業の刈り取りのため自社で設定した価格で製品を販売し、品質・コスト・納期を守るべく業務管理していくイメージはつくりにくいことは否めません。本書では、そういった仕事の流れを解説したいと思いますが、まずは、業務上の差異があることを認識するのがイメージ醸成の第一歩となります。

　一方で外してはいけないのは、技術や生産管理などみえやすい個別の課題を解決することにとらわれ過ぎずに、大局的に経営をよくする視点をもち続けることです。その前提から取引先である営利法人に対しては、売上を増加させるか、コストを低減するか、利益創出モデルを変えるかという３点に大きく支援の方向性は集約されていきます。本章では、経営改善につなげるイメージをつくることを目的として、金融機関と製造業の違いを解説しながら、製造業の事業のポイントを解説します。

　その前にあらためて、対象顧客である中小企業の定義に立ち戻ってみたいと思います。中小企業とは、中小企業基本法の定義によれば、（製造業の区分

で）資本金の額または出資の総額で３億円以下、または、常時雇用する従業員の数が300人以下となっています。

2018年版の中小企業白書によれば、中小企業（会社＋個人事業者）は約381万社で、大企業が約１万社です。ちなみに、そのうち製造業は、中小で約41万社、大手で約2,000社あります。規模が小さいながらも、これだけの社数があれば、われわれの目には普段触れにくい事業もあり、多様な形態をとっていることは理解いただけるでしょう。たとえば、性能もコストも劣るものを製造していても、優れたものを製造している会社より経営成績としてはよい場合も出てきます。なぜならば、対象とする顧客によって求められる特性——たとえば、製造寸法、生産量等の事業の規模感——が異なっており、中小企業ではビジネスの一般論が成立しがたい面があるからです。

具体的には、同じ自動車部品供給を業としていても、規模の大きいＡ社がＸ部品の供給能力を満たせないため自動車メーカーとよい条件で取引できず、一方でより小さなＢ社がＹ部品供給においてよい条件で取引できているといったケースがあります。これは部品により要求される生産数の規模が違うために生じる現象です。そのため、３現主義（現場、現物、現実）にのっとって、事業を評価しなくてはいけません。

このような経営環境にいる取引先は、「わが社にあうアドバイスがほしい」と常に思っています。たとえば、売上増加を目指す冷凍食品製造会社に向けて、マーケティングの専門家を招聘して一般論として食品全般のアドバイスをしても不発に終わることはよくあります。冷凍食品に精通していたり、その地域での食品の動向に詳しいなどの、"絞り"のある専門家でないと、要求を満たせないことが多いのです。提案における"絞り"を加えていくためにも、事業性を十分に評価できることが第一義となります。

製造業の事業性評価となると、さらにむずかしい面があります。金融機関の取引先を業種別に分類すると、製造業はおおむね５〜15％の範囲に入っており、必ずしも多数派というわけではありません。しかし、支援機関や金融機関の担当者とお話しすると、筆者の想像以上に製造業への重点化の意識は

強く、経済産業省などの支援施策でも製造業に焦点が当たっている印象はあります。しかし、その重用感とは裏腹に、製造業への対応を苦手とする地域金融機関の担当者も少なくありません。事業性評価を進めるために、製造業の形態を理解することを模索する一環で、担当者を工作機械の講習会などに参加させる金融機関などもみられます。そこまでしないと製造業の事業性評価ができないという印象が敬遠すべきものという意識をつくりだしている面も否めない気もします。

　しかし、技術の事業化を支援してきた筆者からみると、技術詳細の学習をしても即トップライン支援に結びつくとは思えません。大事なのは、対象となる製造業がどのような技術をもっているかではなく、技術によりどのような付加価値を出しているか把握することと考えています。換言すれば、具体的な技術の理解をせずとも、技術形態の理解だけでよいのです。より平たく表現すれば、技術だけで出している付加価値ではなく、製造業の川上や川下の設計、サービスや物流といった点をどれだけ統合して付加価値を提供しているかという点が重要なのです。

　しかし、評価にはなかなかむずかしい面もあります。その主たる原因は、金融業と製造業の仕事の流れにある差異であると筆者は考えています。図表2－1に沿って、もう少し詳しく仕事の流れを追ってみることにします。

　製造業は、設計して、材料を仕入れて、部品をつくって、品質管理をして、販売店（1次、2次など）を通してユーザーへ製品を届けていきます。また、届けた後に運用支援・保守などにかかわっている企業もあります。たとえば、エレベーターの保守部品など安全性が重要視される部品を製造している会社では、材料の仕入れにも気を使います。必要な強度等が保証されているかを信用できない材料では、部品を製造しても人命にかかわる事故を引き起こしかねません。こういったリスクがあるので、多少高くても信頼できる供給元から購入しようとする志向になります。仮に事故や客先からのクレームなどが発生した場合は、その対策コストは膨大なものになるため、製造物1つから発生するリスクを考えて経営をしているのが実状です。

図表2−1　金融業と製造業の仕事の流れの差異の例

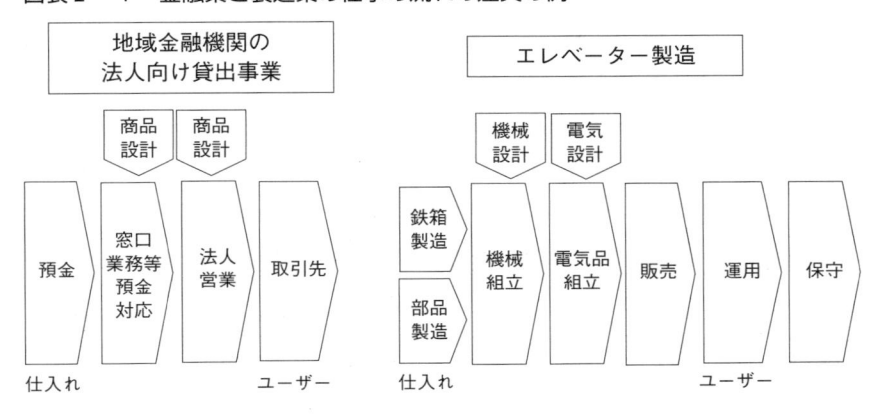

　一方、金融機関の本業である融資では、製造業の材料に相当するお金の場合は当然のようにどこから調達しても価値は等しいです。また、お金は材料というだけでなく、製品でもあります。お金のもつ特性から製品での差別化はむずかしく、右肩下がりの経済状況になれば数字をあげるために金利のダンピングに陥りがちです。そして、製品特性を変えにくいため提案の幅が狭くなりがちな事業環境です。

　また、提案する幅が狭くなれば、付加価値を見直す機会も少ないので、若手の時期から投資の場面に直面してきたり、保守費用を考慮して見積書をつくったりした担当者は皆無に近いのではないでしょうか。それがなければ事業への実感をもつこともむずかしく、ポイントを理解しがたいのも仕方のないことといえます。事業性評価が声高に叫ばれてきたのも、そういった事業への習熟度と無関係ではないでしょう。事業性評価を進めるには、金融マインドをいったん横において臨みましょう。

　あらためて事業性評価の背景を考えてみましょう。事業性評価という言葉が一般的になったのは、2014年9月の金融庁の「金融モニタリング基本方針」において、「事業性評価に基づく融資等」があげられた時からでしょう。そこから事業性評価が重要視される背景を引用してみたいと思います。

金融取引・企業活動の国際化や、国内では高齢化や人口減少が進展する中において、日本の企業や産業が活力を保ち、経済を牽引することが重要である。地域経済においては、人手不足も見られる中、企業・産業の生産性向上を図ることが重要である。

　　このため、グローバルな競争環境の下で事業を展開する企業や産業が国際競争力を維持・強化するとともに、地域経済圏をベースとした企業や産業が、必要に応じ穏やかな集約化を図りつつ効率性や生産性を向上させ、地域における雇用や賃金の改善につながることが期待される。

　　こうした中、金融機関は、財務データや担保・保証に必要以上に依存することなく、借り手企業の事業の内容や成長可能性などを適切に評価し（「事業性評価」）、融資や助言を行い、企業や産業の成長を支援していくことが求められる。また、中小企業に対しては、引き続き、きめ細かく対応し、円滑な資金供給等に努めることが求められている。

　　金融庁としては、この面での金融機関の経営姿勢、企業の事業性評価への取組み、企業に対し現実にいかなる対応を行っているか等につき、検証を行っていく

　これらの背景のとおり、企業や産業の成長に資するのが事業性評価の目的です。そのため取引先の実情にあわせて評価をすることが求められます。決して絵に描いた餅であってはいけません。

　事業性評価の場面では、図表2－2のような「事業性評価シート」を最近よく目にします。顧客、競合、自社の視点でみる3C分析や、自社の強み／弱み、外部の機会／脅威を洗い出すSWOT分析などをして、今後の方向性をかたちづくろうという意図で使われています。

　しかし、現状では記入ずみの事業性評価シートをみると、現場の実情に沿っていないものが少なくありません。事業性評価シートが金融機関担当者の個人ポイントになることから、それを埋めるためにヒアリングしていると

図表2－2　事業性評価シートの例

事業性評価シート

店番		店名		債務者名		信用格付		作成日	
CIF番号				融資先番号		債務者区分		経営改善支援活動	

1．ライフステージ

2．事業内容

業種	メイン		サブ	
業種詳細				
事業内容と特徴				

3．業界動向

主力市場（地域・対象層）	
業界における地位	
業界動向	

4．経営者情報

代表者		氏名		年齢	
後継者	有・無	氏名		年齢	
経営資質					

5．ビジネスモデル俯瞰図

6．SWOT分析

	強み	弱み
内部資源		
	機会	脅威
外部環境		
将来性・成長性		

（出所）　信金中央金庫　地域・中小企業研究所「『事業性評価』のための方法論」金融調査情報28－16、2016年、3頁

いったこともあるように聞きます。真に顧客の事業環境を分析して、これからの方向性を決めるために使っていただきたいという思いを込めて、本章では事業性評価シートを活用した取引先の現状および将来性評価のポイントを説明していきます。

(1)　会社を取り巻く経営環境の解釈法

　本項で大事な点は、マクロ環境とミクロ環境を区別して経営環境を解釈することです。マクロ環境とは、国や業界などの大きな経済動向などを指し、ミクロ環境は、客先、仕入先、競合など直接的に接点をもっているような相手を指します。

　たとえば、事業性評価シートにおける3C（顧客、競合、自社の3つの観点）分析では、「世界のスマートフォン市場で、1人1台程度までに普及した状況で出荷数が落ち着く」というようなアナリストなどの業界分析からそのまま引用してきたような記述がよくみられます。しかし、スマートフォンというマクロな業界動向が、関連する個々の中小製造業すべてに直接大きな影響を及ぼすことは少ないように思えます。半導体でも製造装置なのか、素子に使われる部品なのか、など何を納めているかによって影響はまったく異なるからです。

　そこでマクロ環境だけでなくミクロ環境を考える必要があるのです。その前提としては、マクロ環境から押し出されるようにミクロ環境などの動きが変わるということにあります。図表2-3を例に考えてみましょう。たとえば、「当社で製造したスマートフォン製造装置のユーザーへの出荷が止まる」といった状況で、通常は当社の売上が落ちると考えがちです。しかし、スマートフォンが普及したことで、中古需要も高まることもあり、そうすると「中古のスマートフォンを補修する装置の需要が高まる」という方向に振れて、逆に売上高が増加するという場合も考えられます。

　ここからわかるように、マクロ環境がどういうふうにミクロ環境に影響を

図表2-3　マクロ環境がミクロ環境に及ぼす影響の考え方

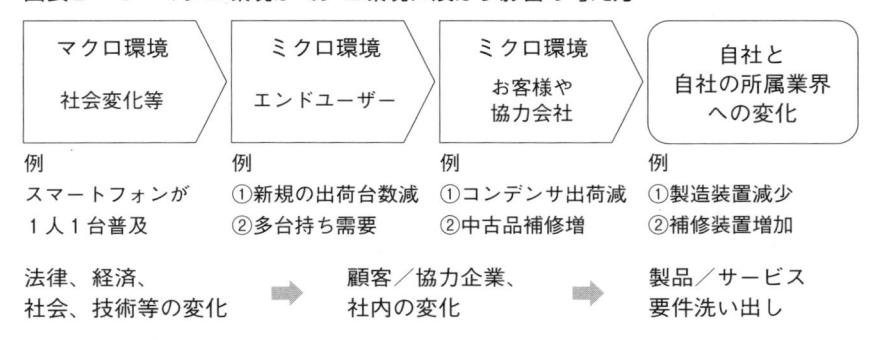

マクロ環境	ミクロ環境	ミクロ環境	自社と
社会変化等	エンドユーザー	お客様や協力会社	自社の所属業界への変化

例
スマートフォンが
1人1台普及

例
①新規の出荷台数減
②多台持ち需要

例
①コンデンサ出荷減
②中古品補修増

例
①製造装置減少
②補修装置増加

法律、経済、
社会、技術等の変化　➡　顧客／協力企業、
社内の変化　➡　製品／サービス
要件洗い出し

及ぼしているかまでの聞き込みをしていないと、評価シート自体の効力が発揮されません。そのためにも、もう少し個々の顧客や仕入先などミクロな環境分析、その前段階としての踏み込んだ経営者インタビューが必要なのです。

　逆の見方をすれば、事業性評価シートを使って、経営者が認識していない外部環境についてあらためて考えてもらうのもよい機会となります。「仕入先がほかにどんな顧客をもっていて、生産はどんな状況か知っていますか」「顧客の中長期の受注予測はもらっていますか」「発注方針説明会などは開かれていますか」など質問することで、あらためて気づきを与えられることもあります。このように中小企業の経営環境分析では、仕入先や顧客など普段接しているミクロな外部環境を意識したものであるべきなのです。これについては、STEP6でもう少し触れたいと思います。

(2)　会社の事業の解釈法──キーワードの使い方

　会社の事業を理解するうえで、それを端的に表現するキーワードは重要です。たとえば、先輩から「A社ってどんな会社なの」と聞かれたときに、「樹脂製品の製造をしています」という答え方をすることが多いと思います。そうすると決まって「樹脂のどういうことをやっているの」と聞き返さ

れることになります。それに対して「樹脂を加工して、自動車部品をつくっていますが、それ以上のことは、ちょっと説明できません」という受け答えになる場合も少なくないでしょう。たしかに「樹脂」という言葉は、その会社がやっていることを表していると思いますが、顧客にとってどういうメリットをもたらすものなのか、また、競合に対してどの程度差別化できた樹脂なのかを解釈できません。

その背景には、ある担当者がおっしゃっていたことがあるように思います。それは、「何から話してよいかわからないので、取引先の事業のキーワードだけ理解して、稟議を起こせればよいという意識があるかもしれない」というような考えをもってしまうということです。

事業における独自性確保や差別化の視点で考えると、単一のキーワードを当てはめて、簡単に理解できるほど製造業の事業は簡単ではありません。時間をかけて、事業を成立させている"骨格"を浮かび上がらせるインタビューが必要になります。取引先がその顧客から選ばれている観点で、事業の本質を表現するキーワードを見つけていくことが必要となります。

だからといってキーワードを見つけるためにむずかしい専門知識を覚えて、駆使するようなことは必要ありません。大事なのは、「どんな付加価値を出しているか」ということを誰にでもわかるレベル感でキーワードにより表現することです。もう少し具体的に表現すれば、「売上高などの結果をもたらす強みや収益モデルをかたちづくるためのキーワードを考える」ことです。それも金融機関や支援機関の担当者で十分理解できる一般的な用語の組合せでよいのです。図表2-4に示しているように、対象業界、むずかしい

図表2-4　事業性評価のキーワード

事業性のキーワードは掛け算のかたちで理解する

業界×むずかしいポイント×工法×形状×寸法など

現場でよくものをみて、よく質問する

ポイント、使用する工法、形状、寸法などになります。

　具体的には、「自動車用量産部品として高温対応の樹脂で（外観の美しさが求められる）意匠部品を射出成形で製造している」とか、「医療機器の試作向けに（強度が求められる）機能部品を切削加工により製作している」とかというレベルの理解でよいのです。また、「段取替えが多いので他社が嫌がるような、手のひらサイズの丸い金属製品を削り出す会社」といった表現でもよいです。「手のひらサイズの丸い金属製品を削る」というキーワードで競合先がある程度限定され、「他社が嫌がりそうな」というキーワードで他社に比べた優位性が明確になります。

　キーワードとして注意すべきは、「はやり言葉」と「抽象的な言葉」です。「IoT」「AI」といったトレンドのキーワード、また、「安い」「短納期」「高品質」といった差別化に直結しやすいキーワードを、会社や製品・サービスのキャッチコピー的に活用する企業が依然として多く、金融機関側でもそういったキーワードで把握していたりもします。問題なのは、こういったキーワードを多くの企業がうたうがゆえに、逆に差別化が困難になってしまうことにあります。自社の特徴を正しく伝えるには、もう少し"絞り"が必要なのです。つまり、「○○の加工では、▲▲しているので品質が高い」といった用途や技法の限定（絞り）を入れることで、特徴をアピールできます。顧客に対しての独自性もしくは競合に対しての特異性がなければ、事業的成功にはつながりません。キーワードの選定においては、ありふれた言葉を引っ張ってくるのではなく、置かれた事業環境のなかでの対顧客や対競合でのアピールポイントを言葉として紡ぎ出すイメージです。

　キーワードの紡ぎ出しのためには、現場に足を運ぶことは欠かせません。対話を繰り返して抽出された会社のキーワードをつないでいくと、ストーリーとして会社がみえてきます。ストーリーでとらえることで、会社のコアとなっている競争力が立体的に紡ぎ出されてきます。たとえば、以前、データベースに強いソフト会社という触れ込みの事業者を訪問したことがありました。インタビューを続けていくと、ひょんなことからハードディスクなど

計算したデータを格納するハードウェアの活用方法への理解力が隠れた強みとなっていることがわかりました。この会社は、ハードウェアの最適な構成を設計できることでソフトウェアの負担を減らし性能を高めていたのです。ソフトウェアの優秀性はみえていたものの、その裏にあったハードウェアの強みはインタビューしなければわからなかったことです。

とはいえ、若い担当者にとって、質問は苦手な事項かもしれません。こうなってしまったのには、事業者側にも問題があることは否めません。たとえば、「うちは超精密加工だから」というふうに言い切ってしまって、二の句が継げないような雰囲気をつくってしまう昔ながらの頑固な経営者も少なくありません。「その精密さをどういう工法で実現しているのか」という確認は事業性の把握には重要なのですが、そうできない雰囲気が習慣化してしまい、事業者と金融機関相互の歩み寄りが進んでこなかったのではないかと思えます。この状況を脱する手段は、担当者から質問をすることです。まずは、しっかり製造品をみて、感じたことを質問に変えて、「だいたいこれぐらいの大きさの製造品ですか」とか「1カ月にどれぐらいの数をつくるのですか」などわかりやすいポイントから入り、「どういうところにむずかしさがあるのか」を真正面から聞くのがよいでしょう。それを繰り返すと「どうやってつくっているか」という素直な疑問がわいてくるようになり、工法確認などレベルアップした質問ができるようになってきます。担当者にとっても、知識としてキーワードが頭にストックされているだけでは、イメージしにくいですし、その結果、記憶にとどめておくのはむずかしいので、質問は担当者の記憶の定着の点でも有効です。

また、質問そのものにも取引先にとっての効果があります。たとえば、「他社が嫌がる仕事」というキーワード自体、経営者も強みと思っていないかもしれません。金融機関との対話のなかで、あらためて考えることで「他社が何を嫌がっているか」などが見つかってくる場合もあります。そのためにもよく製品をみて、質問したいものです。

(3) 分析の注意点

　現状として金融機関では、定性と定量という大きく2つの観点からの事業性の分析をしていることが多いように思います。しかし、どういう形態の事業（定性）で将来のキャッシュフローをどう見込むか（定量）は切っても切り離せないことのように思えます。事業性の分析にあたっての注意点としては、定性と定量を分けて考える思想を排除することです。

　たとえば、建設業の業界動向といった定性面と人手不足に伴う人件費単価といった定量面は、切っても切り離せない関係にあるでしょう。事業計画策定の場面では、定性と定量ということは明確に区別していませんし、因果関係を直観的に伝えるためにも分ける必要はないように感じます。一方で、金融機関における稟議書を作成する場合は、技術内容などは定性面に書かれますが、それをどう収益化していくかについての理屈がないまま、結果としての数字だけが定量面に記されてしまうことも少なくありません。

　本質的には事業をどうとらえるかであって、定性と定量は車の両輪に相当するものとも言い換えられます。事業計画策定を支援してきた筆者からすると、定性と定量は分けずに、定性的に考えたビジネスプランをどうマネタイズするかを定量的に落とし込むことが事業性評価の核心であると考えています。定性評価は支援対象企業に対する事業仮説、定量評価はその結果に関することであり、そのギャップを一緒に考えて、「何が事業のキードライバーなのか」「想定した外部環境の変化などがあるのか」といった事業を進めるうえでのポイントを見つけ、計画と実績の差異を埋めていく姿勢を重視すべきと考えます。

(4) フレームワークの活用

　事業性評価や本業支援の現場では、「事業をどう変えていくべきか」とい

うアイデアを求められる場面によく遭遇します。そのためにも、担当者一人ひとりが"考える引き出し"をもつことが望ましいです。そのときに大きな手助けとなるのが、フレームワークです。フレームワークとは、一言でいうならば、考えるための切り口・視点を与えるものです。自分の思い込みが強くなりがちなアイデアひねり出しの場面で、フレームワークは視点を増やして、発想を拡張し有効なアイデアを促します。ただ、フレームワークは、答えを出すものでも厳格にとらわれるものでもないと認識してください。フレームワークの多くは、ある検討事項におけるそれぞれの切り口（要素）の頭文字を集めた語呂合わせ的にできています。そのため厳密な意味はあまりないことが多いので、気軽に使うとよいでしょう。ただ、考えるうえで抜けもれが少なくなる（MECEともいいます）ことや、多くの人が知っているため受け入れられやすいことなど、多くの活用メリットがあります。

　事業性評価シートでも、いくつかのフレームワークが用いられています。その代表が、３ＣやSWOTです。これらの活用方法については、STEP 6であらためて解説しますが、それ以外にも図表２−５に示したフレームワークがありますので、参考にするとよいでしょう。また、名称はついていませんが、経営資源の切り口である「ヒト−モノ−カネ−ジョウホウ」もよく使われます。

　フレームワークは、活用目的を明確にしたうえで、整理するのに用いるツールです。しかし、日本人の習性なのか、フレームワークがあると、項目を多く出すことに終始して、統一感のない分析結果が出てくることがあります。たとえば、外部環境の設定がなくSWOT分析をして、いきなりありったけの強みや弱みを書き込んで、結局、分析結果から導かれる方向性が示されていなかったり、方向性に記載した項目との統一感がなかったりすることが往々にしてあります。フレームワークは、活用するストーリーを決めたうえで活用していきたいものです。

図表2－5　フレームワークの例と活用目的

分野	目的 （整理したい内容）	名称	検討すべき要素
経営環境	外部環境変化	PEST	政治面－経済面－社会面－技術面
	経営全般の状況	3C	顧客－競合－自社
	業界内外の 競争環境	5 forces	自業界－売り手－買い手－新規参入 －代替品
	事業の取捨選択	PPM	花形－金のなる木－問題児－負け犬
	関係者別の 目標管理	BSC	財務－顧客－社内プロセス－学習と 成長
	社内外の対処事項	SWOT	強み－弱み－機会－脅威
マーケティング	マーケティング 過程	STP	細分化－ターゲット化－位置取り
	商品等の事業者／ 顧客からみた特性	4P／ 4C	製品－価格－広告・宣伝－流通、 顧客価値－顧客コスト－利便性－コ ミュニケーション
製造	改善ポイント	4M	人員－機械－原料－方法
	改善方針	3S	標準化－単純化－専門化
	改善方法	ECRS	削減－結合－再配置－単純化

2 将来性評価のポイント

(1) 本業支援の3つの方向性

本業支援は、いうまでもなく経営支援が目的です。そのため、個別の技術うんぬんよりも、「経営をよくすること」が最優先課題です。その観点で考えれば、シンプルに3つの切り口に留意すればよいでしょう。本章の最初に記した「売上を増加させる」「コストを低減する」「利益創出モデルを変える」という3点です。

会社には、ゴーイングコンサーン（企業が永続するという前提）の原則があります。それを実行するには、資本を基として事業をして、売上をあげて、かかった費用を差し引き、残った利益から税金等を支払い、それらを蓄積して、設備等へ再投資してさらなる事業強化という拡大再生産を継続していくことにほかなりません。

本業支援の方向性を考えるにあたっては、現状で利益がどのようにどれだけが出ているかをあらためて見直すこととなります。そのためには、インタビューによって、3つの切り口に基づき、現況を確認していきます。実践の仕方については、STEP5で詳細に解説を加えますが、現況確認のポイントは、図表2−6のとおりとなります。

① 【売上増加】：「数×単価」を把握すること……1つだけなら手づくりしたほうが早いことがあります。どれだけの数量で、どの程度再現性を高めて、製品をつくらなくてはならないかという必要性に従って、設備や工法を選択することとなります。具体的には、型や治具、データなどへの依存度が初期費用と生産効率にかかわってきます。

② 【コスト（費用）低減】：改善すべき点を把握すること……後述するフ

図表２－６　本業支援の方向性と現況確認のポイント

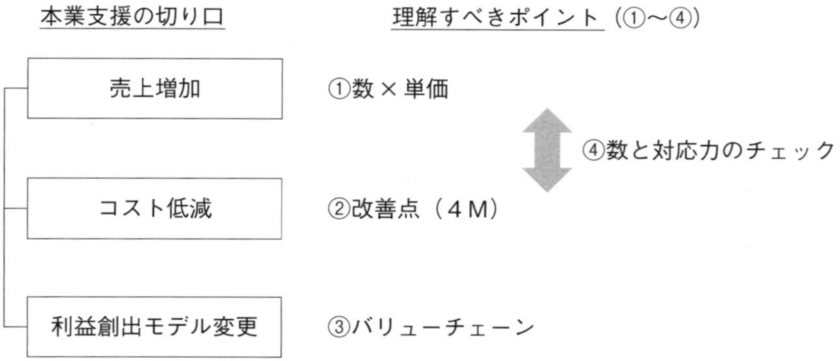

本業支援の切り口　　　　　　　理解すべきポイント（①〜④）

売上増加	①数×単価
コスト低減	②改善点（４М）
利益創出モデル変更	③バリューチェーン

④数と対応力のチェック

レームワークの４М（人員－機械－原料－方法）の視点などを使って、コスト削減に必要な要素を確認していきます。そして、対策すべき優先順位を間違えていないかを判断することも必要です。客先の要望があるからといって、収益性改善につながらない機械の導入などはお勧めできません。

③　【利益創出モデル変更】：バリューチェーンを把握すること……バリューチェーンは、１つの商品・サービスを顧客に渡すまでの付加価値の連鎖を示すものです。詳細はSTEP３で説明しますが、どういう付加価値を出しているか、それが顧客や顧客の顧客に正当に評価されているかを確認します。切り込むべき点は、（競合と比較して）付加価値そのものがないのか、伝え方が悪いのか、というところです。

④　数と対応力のチェック……③までを確認したら、①と②で決めたことに対して乖離がないかをチェックします。たとえば、「増産対応しなくてはならないのに、人手がボトルネックになっていないか」「単価が高いはずなのに、それにふさわしい方法や環境でつくっていない（競争力が低下している）」などのギャップを認識し、対応方針を一緒に考えていくこととなります。

(2) 投資の重要性

　ゴーイングコンサーンの見地からは、設備投資についても確認するのが望ましいです。その際に、意識していただきたいことは、「中小企業における設備投資の重み」です。

　事業再生に係る案件をみていると、投資回収の観点からは、とても賛成できないような設備資金の融資が実行されている例が散見されます。金融機関として取引先との関係性を保持するために、一定程度は仕方ない面もあることは理解できます。ただ、少なくとも事業者とは、投資回収のため、達成すべき追加売上高のレベルは共有すべきでしょう。たとえば、年間売上高3億円の会社で3,000万円の工作機械へ投資をするということにどれぐらいの重みがあるかを考えてみます。これは比率だけで考えると、売上3兆円の大手企業が3,000億円の投資をすることに相当します。イメージとしては、大手企業が半導体工場を建設するレベルであり、それが十分に稼働しないなど失敗した場合は、取り戻すのに数年引きずることは想像の範囲でしょう。金額の大小で惑わされてしまいますが、中小企業で工作機械などを導入するのはそれぐらいリスクが高いことなのです。したがって、数年間の利益の蓄積ができた段階で購入するとか、更新した設備の稼働率が向上して（これまでの実績から）超過した利益を得ることができるなど、（売上を維持することよりも）利益の観点で投資を判断していかなくてはならないのです。

　利益が創出できていない状況で、老朽化による設備の更新では、減価償却が重たくのしかかってくることは担当者にとってはいわずもがなとは思います。導入後の1〜2年で十分利益が出て、設備をある程度償却できる案件かどうかを見極めていきたいものです。

事業性評価の重要項目1
──バリューチェーン

前章では、本業支援の全体感とポイントについて解説しましたが、本章では、事業性を評価していくにあたって、事業のとらえ方の型となるバリューチェーンを解説します。バリューチェーンがわかれば、取引先の付加価値がみえてきます。

製造業の支援では、専門技術などにとらわれ過ぎず、経営を改善することを目指せばよいことはわかったＡさんでしたが、そもそも製造業がどうやって売上をあげているかということが言葉ではわかっているものの、だれにどのように営業をしてどのように価格を決めているかなどはイメージできていませんでした。先輩に聞いても「自動車会社の系列だから、待っていると仕事が流れてくるんだよ」という答えで、新しい顧客を見つけるために何をすればよいかは見当がつきませんでした。Ａさんはまたまた途方に暮れてしまいました。

途方に暮れたＡさんの解決への道は、どうやって事業者が顧客から支持されて売上をあげているか、事業の存在理由を知ることにあります。だれのために、何のためにその会社が存在しているかという根本を理解しなくては、その会社を本当に理解したことにはなりません。しかし、意外に取引先自体があらためて認識していないことでもあります。「あなたの会社の存在理由は何ですか」といきなり聞いたとしても、取引先は面食らってしまうことでしょう。そこで、担当者は、業務についての具体的なインタビューを進めていき、自身で判断していかなくてはならないのです。

その存在理由は、自社のことだけを考えていても知ることはできません。STEP 2で触れたミクロ環境（客先など接点をもっている相手との関係性）を理解して、相手がどう思っているかを考えなくてはなりません。たとえば、部品製造の会社であれば、それが製品にとってどのような重要部品か、またユーザーにまで重要視される部品なのかということを俯瞰して考えなくてはなりません。そのための手がかりとなるのがバリューチェーンです。バリューチェーンとは、製品やサービスを提供するまでの企業活動の連なりを示すものです。本章では、バリューチェーンについて紹介し、ミクロ環境をより深く理解するためのツールとして使えるよう解説していきます。

1 バリューチェーンとは

バリューチェーンは、経営学者のマイケル・ポーターがその著書（『競争優位の戦略』ダイヤモンド社、1985年、659頁）で提唱したフレームワークです。

バリューチェーンでは、図表3－1のように企業活動を大きく、主活動と支援活動の2つに分けています。主活動は、量産品など「流れもの」にかかわる、製造、物流、販売などの事業活動です。金融機関の業務に当てはめれば、営業店（支店）での営業や融資などの活動に相当します。一方、支援活動は、直接売上等を担わない間接的な活動で技術開発や人的資源管理などが該当します。金融機関では、本部の活動、すなわち営業のシステム構築や金融商品の設計など営業店の営業活動をサポートすることが当てはまります。

ポーターは、単一の企業における社内部門で付加する価値の連鎖をバリューチェーンで表現しています。しかし、本書で分析対象としている中小

図表3－1　バリューチェーン

（出所）『競争優位の戦略』より筆者加筆

製造業では、部品や装置などの生産財の製造（いわゆるBtoB）を主要事業としている場合が多く、下請事業者のように客先の一部門的な存在であるなど、自社だけで完結しないことが多くあります。そのため本書では、対象企業の川上や川下の企業を含む広い範囲のバリューチェーンを用いることで、その付加価値を分析していきたいと思います（このような使い方だと、ビジネスシステムというほうが適当かもしれませんが、一般的にバリューチェーンとして理解されることが多いので、本書でもそれに倣ってバリューチェーンと表現します）。

　最終消費者は、バリューチェーンにかかわるすべての事業者の付加価値を合計した購入価格を対価として負担しているという前提に立つということです。そのほうが、製造者、販売者などそれぞれの立ち位置で出している付加価値をとらえやすいと考えているからです。具体的にいえば、製造業における価値連鎖、すなわち、原材料を仕入れて、部品をつくり、それを組み込んだ製品をつくり、販売するといった流れで、最終顧客の手に製品が届くまでに範囲を広げて、各事業者が付加する価値を分析することとなります。

　製造業であれば、家電でも自動車でもおおむね類似したバリューチェーンになるといえます。それは、原材料メーカー→部品メーカー→セットメーカー→卸・販売店→保守・リサイクル事業者という図表3-2の形態です（わかりやすくするために主活動のみを示しています）。

　それぞれの立ち位置での特徴をみてみましょう。原材料メーカーである鉄鋼業は、相場価格が形成されており、規模の経済の働きやすい業種であるた

図表3-2　製造業の標準的なバリューチェーン
電気および自動車メーカーを中心としたバリューチェーン

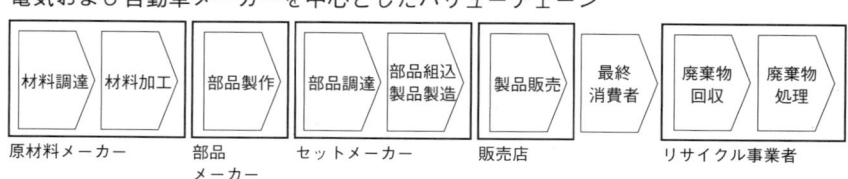

め、利益を増すためには生産規模を上げていくこととなります。そのため高炉などの大型装置で製造し、中小企業は参入しがたい事業形態となっています。こういった素材産業は、装置産業とも呼ばれ、生産規模が拡大すると設備などの固定費が生産量に薄められスケールメリットの出やすい業態です。素材産業では、相場価格が形成される傾向があります。たとえば、建築物などによく使われるH形鋼も1kg当り80円といった相場価格が形成されています。相場価格は需給バランス等の要因で日々変動するため、メーカーは最適な生産規模を追求します。また、家電製品や自動車などを完成させるセットメーカーでは、設計にコストがかかり、数多くの部品（一説によれば自動車1台には3万点の部品が使われるといわれています）を使用して、それらを組み立てて製品を製造しています。また、競争力あるラインナップをそろえることも必要なため、製品単価の高い自動車業界では、大企業中心の市場環境となります。一方で、そういったセットメーカー向けに部品を供給する企業では、さまざまな機種に対応する必要があり、小型部品では1個当り何円、何銭といった単位で製造しているため、小回りの利く中小企業のみが参入している業界も少なくありません。中小企業が中心的に参入している部品業界というのは、言い方を変えると事業規模の大きな素材産業とセットメーカーに挟まれて、価格交渉力が低くとどまる（弱い立ち位置になる）傾向にあるともいえます。

　このような原材料や組立に関する活動は、家電と自動車のバリューチェーンに共通する特性ですが、異なる特性もあります。具体的には、販売を担う事業者の特性です。一般消費者が家電を購入する場合、多くの人が家電量販店に向かうでしょう。各セットメーカーの製品を量販店で見比べて買うというスタイルがその背景にはあります。一方、自動車を新車で購入する場合はどうでしょうか。おそらく多くの方が、メーカーを決めて、その系列ディーラーに足を運んで購入しているのではないでしょうか。どうして自動車の量販店はないのでしょうか。それは製品特性に大きく依存しています。自動車の販売店の重要な機能と収益源として、保守があります。保守においては、

メーカーからの指定工具、部品などを使用せざるをえず、系列化が避けられません。そのため自動車業界では、メーカーの交渉力が相対的に強く、比較的小規模な事業者によってディーラーは運営されている特徴があります。また、家電量販店は、セットメーカーからの購買量も多く、交渉力が強くなる傾向にあります。ただ、家電量販店という業態は、昔からあったわけではありません。さかのぼること40年以前には、「○○（メーカー名）のお店」といった街の電気店が一般消費者の販売窓口だったはずです。しかし、家電が徐々に修理の利かないものになり、基板や部品の取替えとなりメーカーがその対応をするようになってきたという変化がありました。そのため家電の販売店の生み出す付加価値から、保守がなくなり販売だけになったわけです。そうすると仕入量を多くして、交渉力を高めた家電量販店が台頭するようになってきました。このように製品特性により各プレイヤーの付加価値が相対的に強まったり、弱まったりするため、しっかり把握する必要があるのです。

　ここまで述べてきたバリューチェーン上の各立ち位置の強さ／弱さを決めるポイントを図表３−３にまとめましたので、バリューチェーンを分析するときの参考にしてください。

図表３−３　バリューチェーン上の各立ち位置の強さ／弱さを決めるポイント

価格決定のプロセス	……相場価格やメーカー希望価格が存在すると儲けが限定される
立ち位置ごとの企業規模	……仕入先や客先と比べて、企業規模が小さければ価格交渉力は弱い
消費者の訴求ポイント	……消費者が関心を置く立ち位置の価格交渉力が強くなる
系列関係	……系列化すると親会社の意向で、付加価値がコントロールされる
在庫の保有度合い	……在庫リスクを背負う立ち位置は、その分の付加価値が必要

2　バリューチェーンで理解できること

　ものづくりにおけるバリューチェーンを理解するためには、分析対象となる取引先が主活動や支援活動のどの部分にかかわっているかを認識することが必要です。そのためには、知識としてものづくりのバリューチェーンにおける主活動と支援活動を区別することが第一歩となります。一般的には、主活動が大量生産品の製造、支援活動が大量生産をするための専用の製造装置などに相当します。

　プラスチック製品にたとえて説明すると、主活動が射出成形機であり、支援活動に相当するのが金型です。射出成形機や金型という言葉がわからない方は、図表3－4に示すようにたい焼きをつくる工程をイメージしてください。たい焼きは、鯛のかたちをした表面と裏面の2つをあわせた金属の型に小麦粉などからなる生地を流し込んで焼いてつくるのは皆さんご存知だと思います。プラスチックでもたい焼きでも金型のやっていることには変わりは

図表3－4　金型で製品を成型する事業の主活動と支援活動

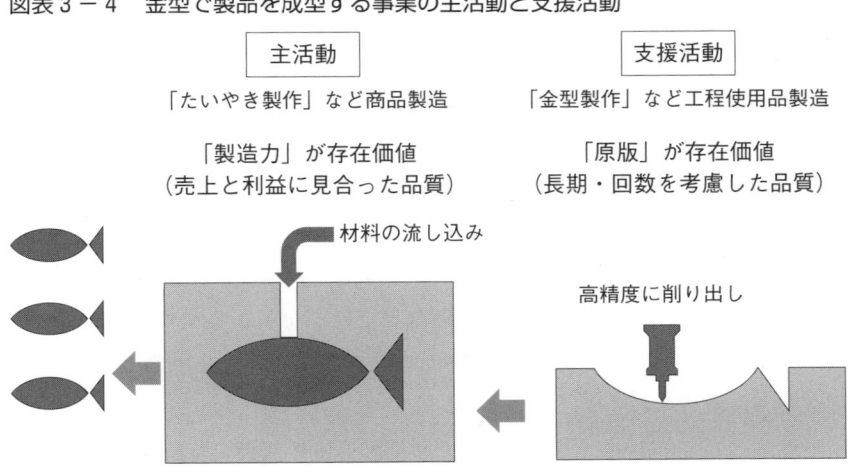

主活動	支援活動
「たいやき製作」など商品製造	「金型製作」など工程使用品製造
「製造力」が存在価値 （売上と利益に見合った品質）	「原版」が存在価値 （長期・回数を考慮した品質）

材料の流し込み

高精度に削り出し

ありません。また、射出成形機とは、金型をあわせて、この生地の流し込みと焼く工程を自動的に行う機械と考えればわかりやすいです。ここで、たい焼きの製造工程での不良品がどう発生するかを考えると、それぞれの立ち位置で要求される付加価値がみえてきます。いわゆるたい焼きを焼く工程が、バリューチェーンの主活動に相当します。この工程では、職人さんの焼く時間にばらつきがあって焼き具合が安定しなくても、お客さんに許される範囲の焦げであれば、待ち時間を少なくできたほうがお店としての売上は増えます。工業的な表現をすれば、主活動においては、顧客の要求品質にあわせたかたちでの製造効率向上がキーポイントになるわけです。製造優先で売上や利益に見合った品質が決まります。

　一方で、支援活動に相当する金型の製作についてはどうでしょうか。たい焼き屋でも年季の入った金型をみることがあります。それぞれのお店がこだわりをもった鯛のかたちをしていることが商品力につながっています。ここで造形が稚拙な金型を使ってしまうと、それがすべてのたい焼きに転写されてしまい、見た目（商品力）は低下します。また、耐久性の低い安価な金型材料を使ってしまうと、最初は満足できる造形品質であっても製造数が累積される過程で金型が欠けてしまうなど劣化して、その結果商品（たい焼き）の見た目がより低下することもあります。そのため金型においては（特に日本国内では）、要求品質以上を超える精度や耐久性をふまえて製作してきた傾向が強く残っています。工業的な表現をすれば、大量生産の基となる金型は、毎回の射出成形品のばらつきを抑えるため高精度が要求される「原版」としての存在です。また、どれだけの射出成形数（ショット数）に耐えるかということも評価指標となっています。そういう指標の厳密さが、主活動で製造される製品誤差へと影響を及ぼすのです。これは、機械装置や部品設計にも当てはまることで、長期間の稼働などで起こりうるリスクマネジメント（発生しそうな不具合の予見および対処）をしつつ、実現する装置や設計をする厳密さが求められます。

　一般論として、ものづくりにおける主活動と支援活動の特徴は、図表3－

図表3－5　ものづくりにおける主活動と支援活動の特徴

	主活動	支援活動
代表的業種	金属プレス成形、プラスチックの射出成形	金型製造、製造装置、設計
要求特性	量産効果、生産性	精度、耐久性
一般的製造数量	1,000～1,000,000	1～100

5のとおりとなります。

　前節で示したように、バリューチェーンにおいて弱い立ち位置に置かれると、そのプレイヤーは付加価値をとりがたくなります。たとえば、製造業が商社を経由してエンドユーザーと取引をしているケースを考えてみましょう。そこで注目したいのは、商社の付加価値です。商社が製造業の魅力をエンドユーザーに伝えたり、広範に存在しているユーザーへの営業を代行していたりすれば、製造業がするべき営業業務を代行しているということで十分な付加価値をもっていることになります。一方で、納品に係るやりとりは製造業とエンドユーザーが直接するなど、商社が単なる口座としてしか機能していないようであれば、商社の付加価値がない、すなわち通す意味がないということになります。長年の取引関係から惰性的に商社を経由しているため、売上が十分に伸ばせなかったり、利益率が低くなっていたりする製造会社も散見されます。そういった場合に金融機関は、直接営業したり、違う商社を見つけたりすることをアドバイスできます。また、営業力のある商社とマッチングできたりすれば、より効果的です。

　このようにバリューチェーンを使って取引先の商流、物流等を解釈していくと、取引先の事業課題がみえてきて解決への具体化も進めやすくなります。もう1つ考えておきたいのが、取引先とその顧客の安定した関係です。取引先の顧客リストに大企業が並ぶと、その経営の安定性のためか安心する金融機関が多いことは否定できません。それは大企業と取引できている事実から推定して、取引先に強みがあり、安定した収益が得られるとの判断に結

びついていると思われます。しかし、昨今の製品ライフサイクルの短縮化に伴って、頻繁に事業撤退などがあることに鑑みると、大企業との取引があるとはいえ、永続性を保証するものではありません。

そこでバリューチェーン的な事業分析をしてもらいたいのです。たとえば、以下のような2つのケースでは、Ａ社とＸ社ではどちらが堅固な顧客基盤をもっているといえるでしょうか。

■大手企業と取引している機械工事Ａ社■

　Ａ社は、製鉄大手から機械工事を受注しています。製鉄大手の関連会社である設計会社の作成した図面に基づき、製造ラインの機械工事を行います。製鉄大手からは工事への動員力を評価されていますが、特殊な工事ノウハウも必要ないので、それを目指してＡ社のほかにも、同業2社が参入している市場環境にあります。現時点で製鉄大手の業績は良好で、製造ラインの増設が活発で請けきれないほどの仕事がある状況です。

■中堅企業と取引している駆動装置メーカーＸ社■

　Ｘ社は、中堅分析装置メーカーＺ社に駆動装置を納入しています。この駆動装置は、Ｚ社と長年の設計情報を共有して築き上げたもので技術優位性があり、Ｚ社には独占的に納入しています。その駆動装置が評価され、Ｚ社の分析装置は、製鉄大手の製造工場に1台は設置される欠かせない製品となっています。ただ、装置は製造ラインごとには必要なく工場に1台あればよいですし、一度納めると一定間隔でメンテナンスが発生する程度で大きな売上の変化はありません。

　Ａ社とＸ社の現時点のバリューチェーンを図表3－6に表してみました。上記のケースの説明文からは、Ａ社のほうが活況に思えます。売上もあがっているようですから、金融機関の評価は高くなっていることでしょう。一方

図表3-6　バリューチェーンでわかる取引先との関係性と付加価値

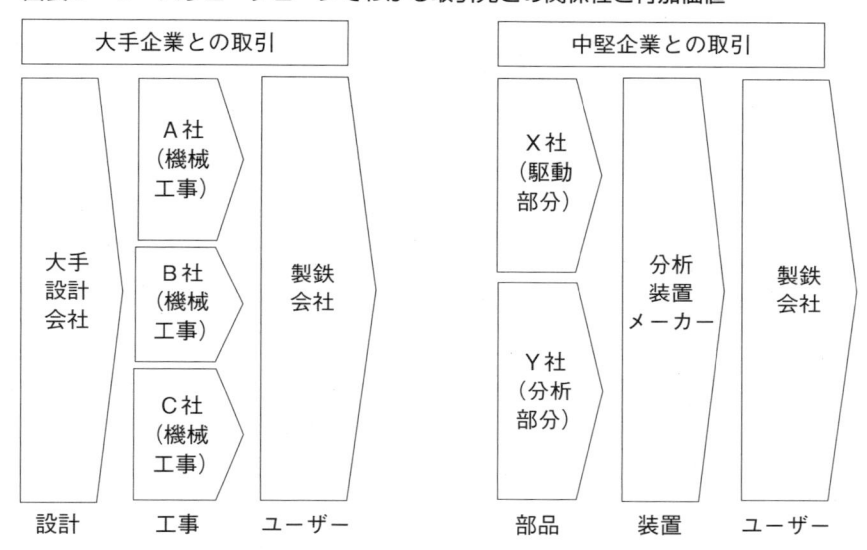

で、Ｘ社の場合は、あまり知名度もない分析装置メーカーＺ社との取引しか認識していなければ、見通しも不透明で安心感という意味では低く評価せざるをえないでしょう。

　そこで、もう少しバリューチェーンを細かくみていきましょう。Ａ社の場合は、同じ立ち位置に競合が存在する状態です。一方で、Ｘ社は競合がいない状態です。それは出している強みと関係があります。Ａ社の場合は、工事ノウハウなどの差別化要因が少なく、常にＢ社、Ｃ社と見比べられる状況です。そのためユーザーである製鉄大手は、価格の安い会社や工事への動員力を評価することになります。仮に、同業のＢ社、Ｃ社が統合をしたりすると、管理コストなどの固定費が低下したり、動員力が上がったりすることで、一気に競争力が低下してしまうことも考えられます。また、製鉄大手のライン増設に急ブレーキがかかった場合は、人件費が足かせになり業績は急激に悪化する危険性もあります。Ｘ社は、顧客との擦り合わせで内容を決めた代替の利かない装置を独占的に納入しており、川下からの価格交渉力が働

かずに安定的であると思われます。メンテナンス需要があることから、受注の波に翻弄されることは少ないでしょう（最近は、景気が悪くなるとメンテナンス周期を伸ばすユーザーも少なくないのですが……）。

　単に大企業と取引しているからよいという評価でなく、エンドユーザーまでを意識して俯瞰して取引先の事業を評価することが求められます。ここで紹介したケースでは、顧客の顧客（X社の場合は、エンドユーザーの製鉄大手）にどのような点が評価されているかまで確認をすることで、取引先の強みを再認識できます。こういったバリューチェーンに沿った聞き込みが事業性評価では大事になります。

　商流の理解は、事業性評価にとって非常に重要な項目です。うがった見方をすれば、技術的な強みを理解するよりも重要といってよいでしょう。特に下請加工を主要事業としてきた製造業では、既存の商流を「当たり前」として受け止めており、他の客先との違いを意識しにくいことから本業支援に向けても欠かせない視点です。

　下請形態の受託加工系の事業者に対して、国や自治体、支援機関では今後の方向性として、「新製品開発」を強く奨励したりしています。しかし、これもバリューチェーンを考慮してから進めなくてはなりません。注意すべきは、商流と価格設定の2点にあります。商流については、開発した製品に対して既存の商流が生かせるかという点にあります。中小製造業のように限られた経営資源しか有していないと、新製品開発に加えて、新規市場開拓を並行して進めることはかなりの困難が伴います。そうしても回収の見込みが立つ製品力があれば問題はないのですが、中小製造業が新たに開発した製品では、広告効果等の無形の効果を含めても、投資回収しきれる確率は、筆者が現場でみる限り高くないように思えます。

　その理由の1つであると筆者が感じるのが、ターゲットと製品のミスマッチです。たとえば、福祉機器であれば、介助者の求める使い勝手や施設運営者などが求めるコストなどの要件を把握しないでプロダクトアウト的につくってしまったような製品が相当します。そういったミスマッチを埋めてい

く存在が商流なのです。福祉機器ならば、機器商社などとの情報共有、そこから紹介された施設などの声を拾い上げてから、製品要件をまとめて、開発・製造していくべきものです。特に中小企業ではマスメディアなどを用いて広告費用を投じるマクロ的なPRがむずかしく、頼りになるのは商流のようなミクロ的なネットワークになります。

逆に既存の商流を深掘りしてみると、顧客の購買力が高いなど付加価値が潜在していることもあります。そういう場合は、新製品開発するにしても、クロスセル（あわせて購入してもらうこと）ができるような商品を設定することで新事業展開を成功に導けることができます。

また、もう１つのポイントである価格設定も重要です。下請加工に従事してきた会社では、あらためてマーケティングやプッシュ型の販売をする機会が少ないので、販売の際に小売業のとるマージンを低く見積りしてしまうケースが多くあります。そのため商品開発段階から価格設定を誤り、結果的に売れない自社製品の山をつくってしまうことも多々みられます。バリューチェーンを考えて、まずどういう商流となるかを知ったうえで、当該業界の卸や小売の平均的マージン（原価率から概算で逆算するかたちでよいです）をふまえて、製品価格の設定をするとよいでしょう。あながち「半値八掛け」という下代設定も本質をついていないことはないのです。金融財政事情研究会が刊行している『業種別審査事典』には、各業種のバリューチェーンが描かれていたり、対象業種の原価率などが数値化されていたりするので、付加価値の定性面と定量面の理解の観点からも有効な内容が多いので、困ったら手にとってみることをお勧めします。

3　バリューチェーンの組換え

　バリューチェーンの分析ができたところで、自社の立ち位置が弱い場合は、どうすればよいのでしょうか。弱い立ち位置では、事業継続はむずかしくなります。立ち位置が弱ければ、組換えをしていくことが有効です。ICT技術の進展などにより、旧来慣れ親しんできたビジネスモデルが変容している業界もあります。顧客の求めるポイントが変わってきているようであれば、時流をつかんで従来の立ち位置から染み出したり、事業買収などにより、立ち位置を変えたりしていくチャンスです。その進め方は、大きく2つあります。1つは垂直統合で、もう1つは水平統合です。図表3-7に沿って説明します。

図表3-7　垂直統合と水平統合

垂直統合

例）
バリューチェーンの上流／下流で統合して、小売のもつ顧客訴求力をメーカーに移す

水平統合

例）
同業者の買収など統合により、上流／下流に対して価格交渉力を強化する

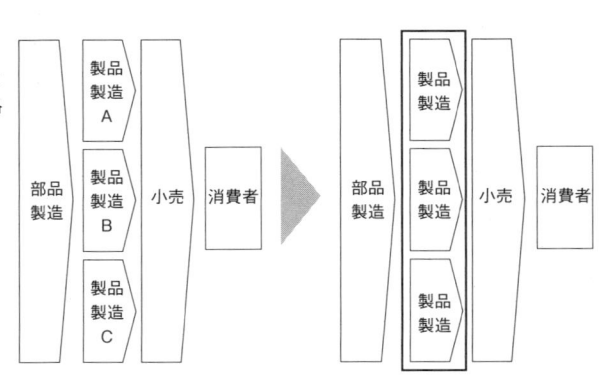

垂直統合とは、自社の立ち位置の上流／下流にある事業活動を統合することです。たとえば、セットメーカーが部品を内製化したり、商社経由の販売から（自社に営業部を新設し）直接販売方式に変更したりすることなども垂直統合に相当します。上流／下流の連携により、品質向上、物流費の削減、手戻りの減少によるコスト低減や納期短縮などのメリットが顧客に対して訴求できるようであれば、強いポジションを築くことができます。

　垂直統合を進めるうえで注意しなくてはならないのが、その結果として必ずしもコスト低減に直結はしないことです。垂直統合によるコストメリットの指標となるのが、上流／下流での擦り合わせ度です。連携の重要性と言い換えてもよいかもしれません。市場立ち上がりの初期段階で部品と製品を協調して開発するような場合であれば、設計上の整合性をとるなど擦り合わせが必要です。整合性がとれないと重複した内容をそれぞれが開発するなど、余剰なコストが発生します。そのためこのようなケースでは、垂直統合がコスト低減策として機能します。一方で、市場が立ち上がってしまい、部品の仕様がある程度固まって、参入企業も複数社出てくる場合には、擦り合わせの必要がないため、引合いによるコストダウンが可能となります。そのため部品の内製化をしてしまうと、競争購買ができずにコスト高になってしまう傾向にあります。垂直統合を検討する場合には、これからの市場環境の変化も考慮して、統合後の擦り合わせ内容を分析して、中長期的にメリットが得られるかどうかを評価するべきです。

　水平統合とは、自社の立ち位置に存在する同業を合併・統合・提携することを指します。水平統合のメリットは、取扱規模が増大することにより、上流／下流に対して自社の立ち位置での価格交渉力が強化されることにあります。このように規模の経済（スケールメリット）が有効に働く場合は、確実にコストメリットが出るため、水平統合は付加価値向上に貢献する手段です。素材系の製造会社や製薬会社など設備や開発の投資額が大きい業界では、同業同士の合併などが多いのも、この特徴に起因するものといえます。一方で、規模の経済が働かない部分、たとえばカスタマイズなどに関して

図表3-8　垂直統合／水平統合の有効な場合と注意点

	垂直統合	水平統合
有効な場合	川上／川下での連携により、開発加速化、品質向上等の擦り合わせ業務を強化したい場合	川上／川下に対しての価格交渉力を向上させたい場合、管理業務など重複する業務を整理してコスト競争力を高めたい場合
注意点	価格交渉力が働かずコスト高になることもある	カスタマイズなどの小回りが利きにくくなる

は、大きなメリットは出にくいことになります。

　最後に垂直統合、水平統合の有効な場合、注意点について、図表3-8にまとめましたので、参考にしてください。

事業性評価の重要項目 2
──技術・製造における強み

　本章では、取引先である製造業の強みを解釈するための知識について解説します。ここで大事なことは、「このレベルだったら技術的に間違いない」というような絶対的評価軸をもつことは（少なくとも地域金融機関の担当者には）必要なく、「どの程度、すごいのか」ということが解釈できる評価軸をもつことにあります。強みを理解するために、事業者に技術や製品について、質問できるレベルになるということが本章の目的です。

　バリューチェーンがわかり、製造業の仕事の流れについて、大まかな強みはみえてきたＡさんでしたが、町工場に行っても、その強みを聞き出せるかが不安になってきました。先輩にどうやって各会社の強みを引き出しているかを尋ねてみると、「Ｘ社は高精度加工が得意だし、Ｙ社も高精度加工できるみたいだ」との答えでした。逆に「高精度というのは、どういうことを指すのだろう」という疑問がＡさんに起こってきました。

　STEP 2でも述べましたが、技術の知識を習得すべきと考える金融機関は少なくありません。しかし、機械、電気、化学など幅広い技術を知識として習得するのは、かなりの困難が伴いますし、費用対効果の面でも現実的ではありません。本章では、知識の理解ではなく、製造業のやっているむずかしさについての解釈を与えることをねらいとして、（取引先の）顧客から期待されている業務に対して、どの程度むずかしく付加価値の高い仕事をしているかという整理ができるよう解説していきます。

　ここからは、技術の強みと製造の強みに分けて説明します。本来的な意味から外れてしまうかもしれませんが理解しやすくするための分類として、ものづくりにおける知識や方法といった計画にかかわる部分を「技術」、実行に移す部分を「製造」という手順に沿った分け方とします。

　技術については、差別化するポイントを知ったうえで、開発力や設計力について解説します。また、製造については、理解しておきたい基礎知識と評価のポイントを説明します。このポイントについては、質的なものを評価するよりも、対応範囲を評価することが有効です。特に町工場などでは、経営資源に限りがあるため、対応範囲も限られます。一般的に町工場では、製造する製品の内製化率が高いほど（外注費が流出しないため）価格競争力が出ます。そのため、どの程度の対応範囲があるのかを理解することが、技術・製

図表4-1　ものづくりの強みの体系

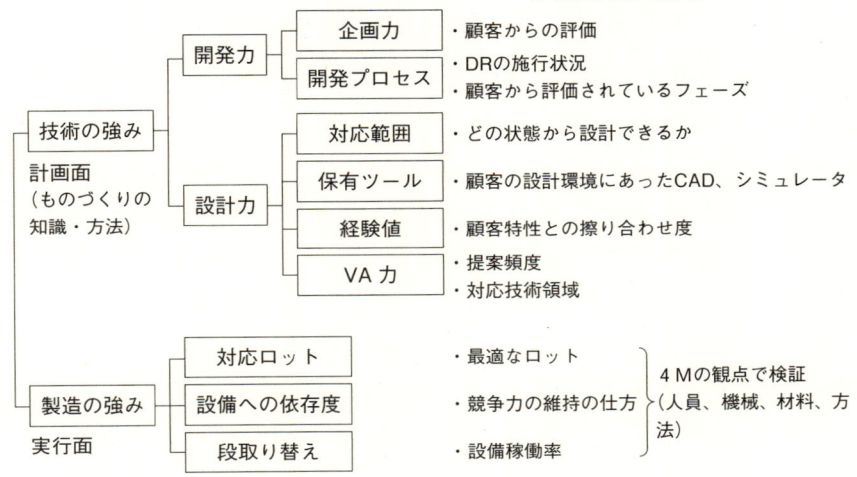

造の強みの把握の第一義的手段です。次節以降で各ポイントを示しますが、図表4-1にその全体感を図示しておきます。

1 技術の強みの態様

　技術の強みに触れる前に、技術にはどんな分野があるかを紹介します。技術は把握できないほどの数があり、年々増加してきています。そのためどんなくくりで紹介するかは、率直なところ迷いますが、参考にしたいのが特許分類です。特許分類とは、特許の審査過程で先行技術調査をする際に検索用の見出しとして設定されているもので、国際的にはIPC（国際特許分類）、日本独自のものとしてFIやFタームなどがあります。中小企業で発明した技術に新規性があれば、この特許分類に従って特許出願がなされます。そのため網羅性のある分類として有用であると思います。図表4－2にIPCの1文字目（セクションと呼びます）のA～Hに従って、一般的に中小製造業がかかわりそうな技術名を分類します。あくまでも筆者の私見に基づいたものであり、まだまだ、ITなどには対応しきれていない面もありますので、参考としてお考えください。

　もう1つ、知っておきたいのは、技術という言葉の定義です。野球選手の「バッティング技術」という表現があるように、技術という言葉は、一般的にさまざまな場所でも使われており、定義をむずかしくしている面もあります。製造業などで使われる場合は、「加工などの目的で意図されたことを再現性よく成し遂げるための知識や方法」という定義がしっくりきます。

　筆者の意識として、「技能」や「科学」という言葉とは区別をしています。技能とは、手動での溶接やNC（コンピュータなどによる数値制御）化される以前の旋盤加工などでみられる「金属の溶ける時のにおいや音など五感をフルに働かせている熟練の技術者にしかできない技」と言い換えてよいでしょう。技能は、属人的で伝承がむずかしい暗黙知（言語にできなかったり、されていなかったりする経験や勘に基づく知識）であるので、会社としての継承がむずかしいという課題となっています。後輩の職人に伝えてそのまま技

図表 4 − 2　技術分類の例

	技術分野（大）	技術分野（中）	技術分野（小）
A	生活必需品	農業	
		食料品	
		家庭用品	
		健康	
			ロボット
B	処理操作	分離・混合	分離
			混合
			破砕・粉砕
			廃棄物処理
			土壌再生
		成形	鋳造に係る技術
			鍛造に係る技術
			粉末冶金に係る技術
			金属プレス加工に係る技術
			プラスチック成形加工に係る技術
			金型に係る技術
			切削加工（精密金属）に係る技術
			部材の結合に係る技術
		印刷	
		運輸	
		マイクロ構造技術・ナノ技術	
C	化学	化学	無機材料一般
			有機材料一般
			触媒
			ペイント

			接着剤
			燃料
			潤滑剤
			洗浄
			生化学
			微生物・酵素
			糖
			高機能化学合成に係る技術
			発酵に係る技術
			殺菌・除菌
C	化学	冶金	冶金
			コーティング
			溶射に係る技術
			熱処理に係る技術
			溶接に係る技術
			めっきに係る技術
			結晶成長
		繊維	繊維・糸
			織染加工に係る技術
		紙	
E	固定構造物	建造物	大型構造物の建設
			基礎工事、土砂の移送
		地中・岩石の削孔・採鉱	
F	機械工学	機関・ポンプ	機関一般
			ポンプ
			燃焼機関
			流体用機械・原動機
			真空の維持に係る技術

		工学一般	動力伝達に係る技術
			位置決めに係る技術
			貯蔵
		照明・加熱	照明
			蒸気発生
			燃焼装置
			加熱装置
			冷凍・冷却装置
			乾燥
			熱交換一般
G	物理学	計測	計測一般
			光学
			写真・画像
			音響
			情報記憶
			センサー技術
		制御	制御一般
			計算・アルゴリズム
			信号処理
			暗号
		原子核工学	
H	電気	電気素子	半導体・MEMS
			半導体プロセス
			電子部品・デバイスの実装に係る技術
		発・変・送電	スマートグリッド
			マイクロ発電
			電力貯蔵

		省電力・電力変換技術
		バッテリー
	回路	電気回路
		電子回路
		磁気回路
	通信技術	変調・復調
		有線通信
		無線通信
	IT・ソフトウェア	組込みソフトウェアに係る技術
	その他	ロボット
		静電気・プラズマ
		放射線

能継承をすることもありますが、技能を技術に置き換えるべく、加工に必要な条件のデータ化に取り組んで、技術として承継することを選択している会社は少なくありません。

　科学は、自然現象などの解釈だったり体系化したりすることそのものを目的としており、必ずしも「意図されたことを成し遂げること」が第一義的目的ではないことがあります。科学と技術の差異が顕在化してくるのが、産学連携の場面です。科学的探究を目的とする研究者の方々と技術的成果を目的とする産業界の方々との意識のギャップに悩まされることは往々にしてあります。どちらが正しいということではないので、仲介者は両者の意識の擦り合わせを心がけましょう。

(1)　技術で差別化するポイント

　定義上、技術には意図や再現性が必須であることから、それを維持することが差別化のポイントになります。本項以降で具体的に評価指標を示します

が、その前に、どんな意図でどの程度の再現性をもたせるのかについて知っていただきたいと思います。その指標となるのが「精度」です。町工場へ訪問すると、「ウチの会社は高精度加工に強みがある」とか「ミクロン台のむずかしい加工をしている」という、技術者以外にはどんなことを指すのかわからないコメントに戸惑うこともあるのではないかと思います。そのため、精度と（それを説明するのに大事な要素である）単位について解説します。

ア　精　　度

精度の言葉の定義は、JIS（日本産業規格）によれば「真の値との一致の度合い」です。製造業での製造品における精度は、図面上の要求寸法と実際の製造品を測定器などで測定した寸法値との差異（誤差）を指すのが一般的です。たとえば、長さ100mmの部品製造において「精度±0.1mm」の場合、測定値が99.9mmから100.1mmまでの範囲にあれば合格品と認定されます。

同じ±0.1mmの精度でも、長さ100mmの部品と、長さ10,000mmの部品では、精度維持のむずかしさは異なります。加工方法や条件によっては、自重で材料がたわんだり、温度変化で材料が膨張したりするため、一般には長い部品のほうが精度維持はむずかしくなります。解釈の仕方としては、目標値に対する誤差に加えて、精度のベース（分母）となる製造物自体の大きさにも認識を広げることで精度維持の大変さ、言い換えれば付加価値の理解は進みます。

イ　単　　位

精度を直観的に理解するために、押さえておきたいのが「単位」です。また、単位とあわせて考えたいのが、k（キロ）、M（メガ）、G（ギガ）などの「接頭辞」です。金融機関になじみ深い金額についてであれば、「単位」が円やドル、「接頭辞」がk（千）、M（百万）といった表現になるでしょう。円やドルなどの通貨単位では、1ドル＝100円などと変換しやすいのですが、製造業では業種ごとに独特の単位があり、変換がむずかしく、インタビュー

しているそばから意味づけしにくいことがあります。そのため、代表的なものを押さえておくと理解は進みやすいでしょう。

　一般的に大きさをイメージさせる接頭辞は、国際的な標準であるSI単位系で呼び方が決まっています。よく使うものは1,000倍ごとに大きくなる方向で、10の3乗がk（キロ）、6乗がM（メガ）、9乗がG（ギガ）、12乗がT（テラ）などです。一方で小さく微細になる方向で、10の－3乗がm（ミリ）、－6乗がμ（マイクロ）、－9乗がn（ナノ）、－12乗がp（ピコ）、－15乗がf（フェムト）などです。ちなみに、機械加工の職人がよく使う「ミクロン」というのは、昔マイクロメートル、つまり、10の－6乗メートル＝1/1,000mmをミクロンと呼んでいた名残で、精度1/1,000mmクラスの仕事をしていることを示すものです。

　機械加工では、主にμmなどの単位が加工精度を表すことが一般的です。それ以外にも、（刃物などの可動範囲に依存する）機械の対応寸法が重要な単位であり、受注の可否の要因となっています。また、マシニングセンターでは、ワークが大型化すれば切削時の切り込む深さが大きくなるなどして、刃物にかかる力が強くなります。そのため、その力を受けて工具を固定するホルダーの太さを示す、30番、40番、50番という番手が、対応範囲を示す単位として活用できます。同じ番手でも研磨加工では、研磨剤の粒度を表しますので注意が必要です。取り去るべき表面の凹凸の大きさにあわせて、番手を替え複数の工程に分けます。こういった工程の分け方もノウハウになっていたりします。

　プラスチック部品を射出成形で製造する工程では、2つの金型をあわせて、そのなかに溶けたプラスチックを流し込んで、製品を製造します。この2つの金型を押し当てる力を型締め力（トンで表現します）といいますが、製品が大きく深い形状になれば樹脂量も多くなり、より強い圧力が必要になるので、型締め力も大きくなります。そのため、つくれる部品の大きさにあわせて、成形機は、型締め力を単位として20～1,000トンなどと分類しています。

電気分野では、電圧、電流、電力の違いは、雰囲気だけでもわかっておく
とよいでしょう。ダムにたとえるとわかりやすいのですが、電圧はダムの水
位、電流はダムからの（単位時間当りの）放水量と言い換えられます。そし
て電力は、それらを掛け合わせたダムの能力と理解するとよいでしょう。

　電子分野では、扱う周波数が大きな要素となります。周波数の単位は、Hz
（ヘルツ）ですが、これは1秒間に通過する（電気、音などの）波数を指しま
す。たとえば、送電やモーターなどでパワーが重要視される電気分野であれ
ば、50～60Hzなどの周波数域の現象を扱いますし、通信など波数で伝送で

図表4－3　覚えておきたい単位

分野	対象	単位	解釈	備考
機械	切削加工	番	切削の力（切り込み量への対応）	番手が上がると、設備も高額化
	研磨加工	μm	面粗さ 表面の凸凹の高さの差で規定する	最大値や平均値など要求事項により、必要な値が異なる
	研磨加工	番（メッシュ）	研磨剤の粒度を表す	小さいと粗く、大きいと細かい。対象とする凸凹にあわせて手順を決定
	射出成形	トン数	型締め力：注入できる樹脂量を示す指標	数値が上がると設備も高額化
電気	電圧	V	電気を流せるポテンシャル	負荷に応じて決める。高電圧では絶縁が難
	電流	A	結果として電気が単位時間当りに流れた量	電線の発熱を燃えたり、溶けたりしないレベルに抑える
	電力	W	電圧×電流に相当し、エネルギーを表す	交流では、負荷に依存する力率も考慮が必要
電子	周波数	Hz	対応できる波の数を表す	波数が多いと、伝達できる情報量が増加

きる情報量が重視されるような電子分野では、その1,000倍以上の周波数の領域での技術となります。

そのほかの理解しておくことが望ましい単位については、図表4－3に掲げるので、参考にしてください。

これら以外にも、さまざまな単位がありますが、取引先の事業にかかわるものは調べるなどして、どういう意味があるかを理解しておくと、目指すところや必要な設備投資がみえてきます。

次項からは、図表4－1に従って、技術のポイントを開発力と設計力に分けて説明をします。

(2) 開発力の評価

開発力は、「何を開発するか」と「どう開発するか」という2つの観点をもって評価します。「何を開発するか」という言葉は企画力、「どう開発するか」という言葉は開発プロセスと置き換えてよいでしょう。

企画力は、客観的な評価がむずかしい事項です。そもそもの指標がつくりにくいので、スコアリングなどによるのは現実的ではありません。中小企業の経営環境の多様性に鑑みると、やはり企画力の評価は（取引先の）顧客に委ねるのがよいでしょう。ここは、まず取引先にインタビューで聴き込んでいきましょう。「顧客から企画について、どんな評価を得ているか」という質問をしてみましょう。また、顧客から直接評価を聴けるようであれば、インタビューしてみたいところです。こういうことを重ねると、企画力があるのかないのかについて、雰囲気的にわかってくるようになります。後は、実際にマッチングの場面などでのやりとりを観察することも重要です。

次に開発プロセスを評価してみましょう。これについては、もう少し客観的な事項があります。それは、「開発プロセスをしっかり踏めているか」と「競合と比較して、開発プロセス中のどのフェーズに特徴があるか」という2点です。開発プロセスを考えるときに欠かせないのが、デザインレビュー

図表4−4　デザインレビュー（DR）の例

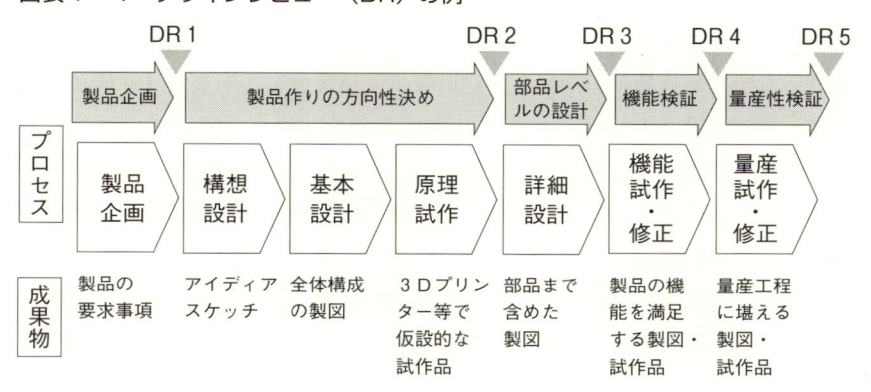

です。デザインレビュー（通称DR）とは、ISO（国際標準化機構）やJIS（日本産業規格）で規定されている設計審査のことです。DRでは、図表4−4の各フェーズでの成果物（仕様書、設計書など）を複数の視点を入れて、開発における要求事項を満たす設計となっているかについて審査をします。

　各社各様に運用をしておりDRの数も決まっていませんが、フェーズとして、多くは4〜6つのプロセスに分けられます。具体的に示すと、製品企画→構想設計→基本設計→原理試作→詳細設計→機能試作→量産試作といった手順で進みます。この各フェーズでの妥当性を審査するのがDRです。各フェーズの終了時にDRは設けられ、たとえば、製品企画フェーズで行われるDR1では、ターゲット市場や要求事項、課題など製品としての実現可能性を第三者が入って評価します。その後、ポンチ絵（アイディアスケッチ）を描いて実現方法を考える構想設計、その次に製図して全体の構成を考える基本設計、設計コンセプトを確認するための原理試作などに進みます。原理試作とは、3Dプリンターなどで簡易的、仮設的に試作して、コンセプトを満たすかという試作です。それらが終わったところで開催されるDR2では、企画を満たすかたちの製品をつくる原理や方向性が間違っていないかということを検証し、詳細設計に入ってよいかという判断をします。具体的な

構造や寸法などを決める詳細設計が終わるとDR 3では、機能、生産性、信頼性、コストを満たすかを検証します。それ以降のDRでは機能や量産性の確認のための試作結果について、設計要求事項を満たすかという評価を進めます。機能試作では、実際に製品の機能を満たすかをほぼ実寸で試作します。量産試作は、量産の工法で試作して、部品間の勘合度合いなどを検証する作業です。たとえば、プラスチック製品では、機能試作では切削加工で、量産試作では射出成形で対応したりします。

　最終的には、DRを経ることで、性能、要求機能、信頼性、価格、納期のバランスがとれた製品を開発することを目指しています。しかし、決裁者の招集などで手順が煩雑となる側面もあり、製品リードタイムの悪化を懸念して、もう少し簡略化したかたちを採用している会社もみられます。特に中小企業では、型どおりにできていない場合も少なくありません。経営資源が限られているので、DRを完全実施することがむずかしい状況にあります。DRを実施しているかというよりも、これらの開発プロセスにのっとった評価をしているかを確認するとよいでしょう。DR（でやるべきこと）を怠ると、結局は、ターゲットの要求からずれた売れない製品をつくってしまったり、製品のかたちにできないのに開発が長期化してしまったり、耐久性が不十分な製品ができたり、製品はできたがコストを大幅に超過してしまったりすることが生じたりします。

　具体的には、図表4−5の事項をチェックして、取引先がどのフェーズに強みをもっているかを確認しましょう。

　この点で、当該分野の実績や習熟度は重要です。たとえば、食品工場で使われる製造装置の開発を題材としましょう。食品工場では、一定の時間がたつと洗浄しなくてはならないような装置も多くあります。そうすると食品分野で納入した実績や洗浄のノウハウなどが企画段階で求められます。門外漢であると、なかなか対応がむずかしいものです。また、基盤技術の観点でも、液体を扱ったり、粉体を扱ったりする技術に差異があるので、構想や原理確認フェーズではそれらへの習熟度で競争優位性が左右されます。業界に

図表 4 - 5　取引先の開発プロセスの評価

各開発フェーズ	取引先に確認すべき事項
製品企画フェーズ	分野やターゲットの要求事項に沿ったノウハウや実績の有無
構想・原理確認フェーズ	保有する基盤技術やカバーしている工法等
詳細設計フェーズ	機能、信頼性、コストを満足する方法論
機能・量産試作フェーズ	製品化、量産への対応状況や実績

よって求められる精度、耐久性なども異なり、詳細設計や量産設計に反映されなくてはなりません。このように開発では、実績が強みになります。表現しにくいことなので中小企業では避けて通ってきたことでもありますが、対外的に強みを発信してトップラインを向上させるためには、肝となります。ぜひ、こういった評価の仕方で開発の強みを抽出してみてください。

(3)　設計力の評価

　取引先の社内に設計機能があることは、事業方向性に大きな自由度を与えます。受託加工型の取引先には、「自社製品をもちたい」という願望のある会社が多いと思います。そのためには、設計に対応できるほうが望ましいでしょう。外注した場合は、DRで見つかった問題点の修正を何回もしたり、開発コンセプトを設計者に伝えたりする工数は大きく、結果として設計費が重い負担となります。

　設計力の評価ポイントの1つ目は、対応範囲です。前項の開発プロセスで紹介しましたが、構想設計、基本設計、詳細設計など設計にはいくつかの形態があります。自社で製品開発から製造・販売まで一貫している会社は、あまり問題がないのですが、部品や回路関連会社のような顧客や仕入先と設計分担をしている取引先では、その内容を確認しましょう。同じ設計という言葉でも仕様書から作成するのか、仕様書をもらって詳細設計をするのかなど

によって、手間と費用と収益が変わってきます。また、それぞれの設計における責任も負うこととなります。近年、あいまいな仕様で設計を丸投げして、仕様上の瑕疵がある場合でも責任を押しつけるような発注者も増えているように聞きます。金融機関がビジネスマッチングする場合にも、対応範囲とそれに伴う責任について、十分に擦り合わせしておきましょう。

　2つ目のポイントは、保有する設計ツールです。具体的には、CAD（製図時に使用するコンピュータによる設計支援ツールで）やシミュレータ（コンピュータ上での数値計算により特性等を推定できるツール）などです。CADは、技術分野ごとに数種類があります。異なるCAD間では、中間ファイルという移行をするデータ形式に変換して受渡しは可能です。しかし、特に部品や回路などの設計・製造会社では、客先と設計環境が合致していることが、データのやりとりに伴う手戻りを少なくするため、競争優位性につながります。マッチングの場面などでもCAD種の確認はしておくとよいでしょう。また、シミュレータも同様に客先との種類の共通化が強みになります。シミュレータは数百万円以上など高額なものが多いですが、試作の回数を減らせるなどのメリットが出ます。そのため受注を呼び込む効果もあります。しかし、シミュレーションするにも条件をどう設定するかで値が変わるので、製品の使用環境等を想像できる程度の経験は必須です。取引先の仕事の付加価値が、どの程度経験値に依存しているかは、ぜひ聴き込んで認識しておいてください。

　3つ目のポイントは、設計の経験値です。設計は、逐次的に進むものではなく、寸法やコストなどの制約条件に従って、行きつ戻りつするものです。設計者の経験が、その手戻り量を左右することはよくあります。その一例としてあげられるのが、機械設計で用いられる「安全率」という用語です。たとえば、ロボットアームのような機械構造物を動作させるためには、（自重も含めた）かかる負荷の大きさを考慮して、アームの太さを設計します。しかし、ロボットがどんな環境で使われるかわかりません。もしかすると並べて使った場合は、隣のロボットと当たってしまうかもしれません。そういっ

た外力などのかかる外部環境を想定して、設計値より余裕をもたせて、ロボットアームを太くしたりします。「最初の設計値」と「余裕をもたせた設計値」の"比"を安全率といいます。安全率は、使用環境などを想定しつつ、どういう要因が影響するかを頭に入れたうえで決めなくてはなりません。そのため、安全率を決めるには、非常に経験がものをいうこととなります。

　設計力の観点での4つ目のポイントが、価値分析です。価値分析を表現する言葉としては、VA（価値分析）、VE（価値工学）という2つが知られています。価値分析とは、「価値＝機能／コスト」ととらえ、同一機能をコストの安い方法で価値を高めたり、同一コストの方法で機能を高めたりする活動のことです。VAとVEの活動は同じなので、言葉の使分けはわかりにくいですが、「どの段階で価値を分析するか」ということで区別しています。ある大手自動車メーカーでは、本生産前に実施するものをVE、本生産実施段階で実施するものをVAと定義しています。自動車メーカーでは、中小の部品メーカーに対して定期的にVA提案を求め、コストダウンを実現していることもよくみられます。多くの中小製造業が、こういった要望に対応することで設計力、製造力を磨き上げ、強みを確立しています。そのため価値分析で何をしているかということは、理解しておくべきことです。

　価値分析のプロセスは、①機能の定義、②機能の評価、③代替案の作成と順次に進んでいきます。①は、顧客などから必要な情報を収集して、本当に必要な機能を再定義することです。②は、機能別に現行のコストを分析するなどして、再度機能を検証することです。③は、そのうえでの代替案を検討することです。

　具体的に、図表4−6の例で考えてみましょう。中小製造業A社では、左側の図のように切削加工で凸型部品を製造していました。顧客からVA提案の要請があり、検討を進めました。①で、この部品に必要な機能を顧客へ情報収集しました。そうしたところ2脚の椅子の連結部に使い、一方の凹型部品にはめあわせて、ずれないようにするために凸型部品をつくっているとい

図表4-6　価値分析（VA）の例

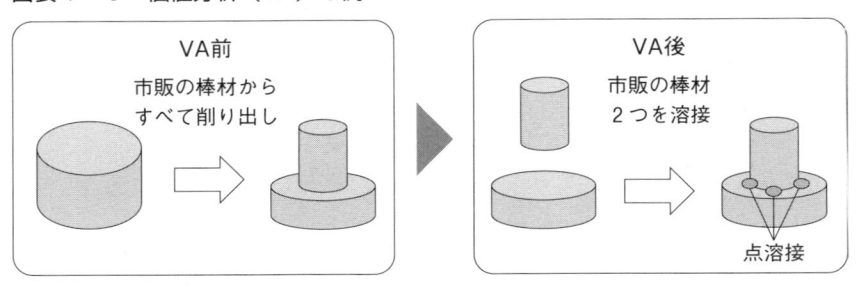

うことでした。機能としては、凸側にしっかりはまる精度、椅子に若干動く力が働くため耐える強度が必要ということでした。次に、②でコストと機能の分析をしました。強度を保つため金属を削りだして段付き形状をつくっていましたが、この切削に最も時間がかかっておりコストアップの要因となっていました。一方で、いままでの使用実績からは、この部品が強度の問題で壊れたことは一度もありませんでした。そこで③の代替案を検討しました。強度的にもう少し落とせるので、切削加工をせずできる方法がないかというコンセプトで考えました。あらかじめ2つの直径の異なる棒材を仕入れて、それを溶接することを検討しました。最初は棒材の全周を溶接する案で進めましたが自動化がむずかしく、周上の6点にロボットで点溶接することで十分なコストと強度が得られることがわかりました。これにより20％程度のコストダウンの実現を顧客に提案できました。このような提案をするためには、顧客から必要な情報が入るルートがあることや日頃からの関係性が不可欠ですし、またアイデアも必要です。こうしたことが強みになっている場合は、その強みを継続するための設備投資などには積極的に融資を考えていかなくてはならないでしょう。

2　製造の強みの態様

(1)　製造に関する知識

　製造業での製造方法は、鋳造、鍛造など固い言葉が続き、抵抗感をもつ方が多いのではないでしょうか。それらを区別して覚えるのは、むずかしいことと思います。後ほど、代表的な製造方法は紹介しますが、その前に、まず製造方法を理解しやすくするために分類します。

　通常、分類というと技術的なカテゴリーで分けるのが一般的ですが、支援者の立場としては技術内容にこだわるのではなく、取引先の付加価値に注目する視点から少し違った分類をしてみます。

　軸としては、「設備特性軸」と「ロット軸」の2つで分けていきます。設備特性軸とは、製造している工法の設備依存度を表すものとします。設備依存度が低い状態は、職人技などの人依存になります。一方のロット軸は、顧客からの1回の注文の平均の製造個数を表すものとします。1個から数十個といった小ロットに対応する会社では1個当りの製品精度や少量対応そのものが付加価値となっている場合が多くあります。数千個からの大ロットに対応する会社では、量産数やコスト、不良率などが顧客からの要求事項として求められる傾向にあります。

　具体的な中小製造業の業種に当てはめて分類すると図表4－7のようになります（切削加工などの解説は、P87でご確認ください）。切削加工は、形状や大きさによって多様な形態なので、一概に分類できない面はあります。同じNC旋盤でも、小径の部品であれば数万個の生産でようやくペイするようなものもありますし、数メートルといった大径の部品であれば段取りや加工に時間がかかるため数個受注することで精一杯だったりして、違いが表れま

図表4-7　各製造方法のマップ

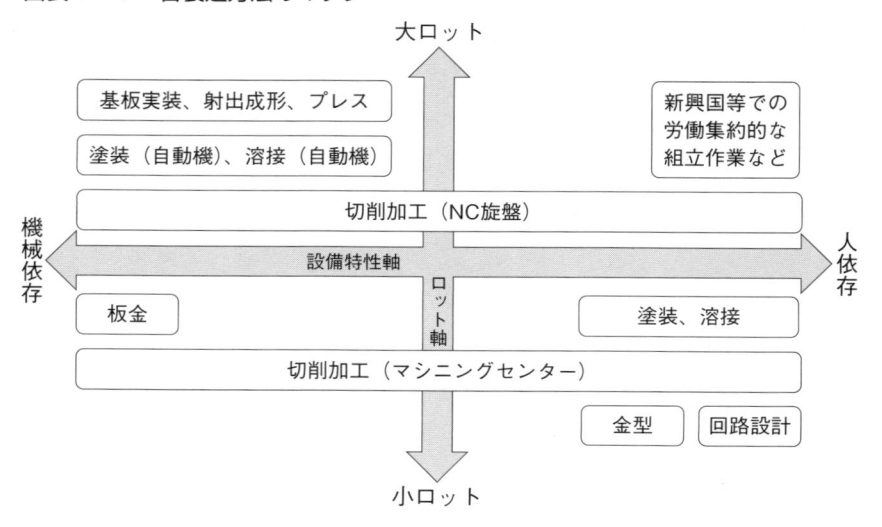

す。

　マップ中の各象限で付加価値上の特徴がみえてきます。たとえば、人依存で大ロットのものは、労働集約的な付加価値を求められるため、国内にはあまり残っていない仕事となってしまいました。安価な人件費で莫大な数量規模に対応できる新興国に組立作業を委ねる会社がほとんどでしょう。

　人依存であっても、小ロットであれば、職人の技能を生かしたり、技術者の特殊技術を生かしたりする場は、国内に残っています。複雑な構造物では機械の使いにくい場所があり、手作業に頼らざるをえない溶接部分があり、技術保有者でないと対応できない場面も少なくありません。経験がものをいう電子回路設計、金型設計・製造なども同様のことがいえます。

　同じ電子関係でも電子回路基板の実装（電子回路部品の基板へのセット・はんだ付け）では、自動化されたラインに乗るのであれば、設定をしっかりすれば自動で大量製造できます。プラスチック部品の射出成形や塗装、プレス加工も同様に大量製造に向いた工法です。これらの工法では、金型などの精度や段取りがその生産性を左右します。それ以上に、段取りが収益性を左右

図表4－8　マップの各象限別の付加価値を高められる仕事

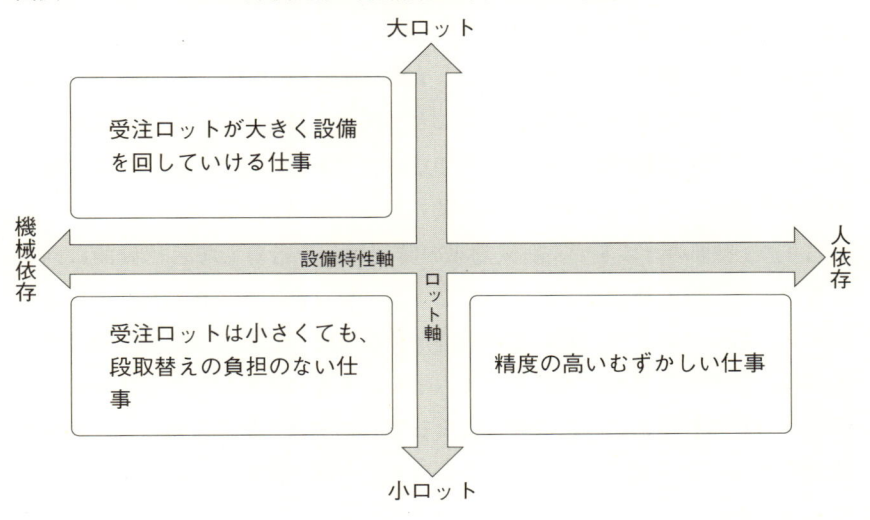

するのが、機械依存で小ロット対応の必要な板金加工、マシニング加工（マシニングセンターという刃物交換が可能な工作機械を使った切削加工）などです。特殊で難度の高い仕事でなければ、ある程度機械側で自動的にできてしまうので、段取りや治具など現場の工夫がものをいいます。

　これらから判断すると、各象限の企業群が付加価値を高められる仕事は図表4－8のようになります。人依存で小ロットの象限では、機械化されないようなむずかしい仕事になります。一方、機械依存で小ロットの場合は、段取替えの負担の少ない仕事（もしくは自社の工夫により競合に勝っている段取方法を使わないとできないような仕事）になります。機械依存で大ロットの象限の企業群では、何よりも設備の稼働率を高められるような仕事を求めます。つまり、受注ロットが自社の設備にピッタリあうような仕事です。

　また、段取替えも理解しておきたいポイントです。段取替えとは、製造する品種などが変わる時に、条件を変えたりすることを指します。たとえば、メッキ会社における段取替えは、メッキ液の調製などです。特に単価の低い製品を扱っている取引先は、生産効率を高めたいと常に考えており、段取替

えの少ない仕事を求めています。また、段取りが避けられない製造工程では、段取時間を短縮するために、たとえば、設備板金加工設備のパレットチェンジャー（板をストックしておき、自動交換する装置）、工作機械のワーク取付ロボットなどの設備を導入することで解決を目指すこともあります。それに際しては、金融機関がその投資の意味を事業者に確認して、一緒に投資対効果を検証したいものです。具体的には、設備費用÷｜ローディング（1人当りの1時間のコスト）×削減効果の時間数｜を計算して、感覚的に回収できそうかどうか確認するとよいでしょう。思ったほどの稼働をしていないケースも散見されます。特に最新設備が仕事を呼び込むような設備依存型の業界は、設備の新製品投入サイクルも短く、すぐに陳腐化してしまいます。極力、自社の仕事にあった設備投資をして会社を強くするためにも、無駄な投資をしないようにブレーキをかけるのも、金融機関の大事な仕事ではないでしょうか。

このようにあらかじめ製造業を分類しておくことで、どんな付加価値を出せるかという仮説をもって企業訪問に備えることができます。詳細な技術は覚える必要はありませんが、設備への依存度とロットについて、経営者インタビューで聴き込んでいきながら、仮説の検証を進めていってください。

ア　代表的な製造プロセス

中小製造業の代表的な製造プロセスを図表4－9に沿って2つほど紹介します。これらを押さえておけば、経営者インタビューにおける型として活用できるものと思います。

1つ目は、金属の切削加工により部品を製造するプロセスです。例として、旋盤を使った丸物の加工について考えてみましょう。筒状の材料を自社調達もしくは客先支給で入手して、旋盤で要求精度にあわせて形状加工します。旋盤ではできない穴あけや溝加工は、一度別の機械に乗せ換えて加工します。その後に、客先から指定されたメッキや塗装などの表面処理をします。自社で溝加工や表面処理の設備を保有していなければ、「横持ち」と

図表４－９　代表的な製造プロセス

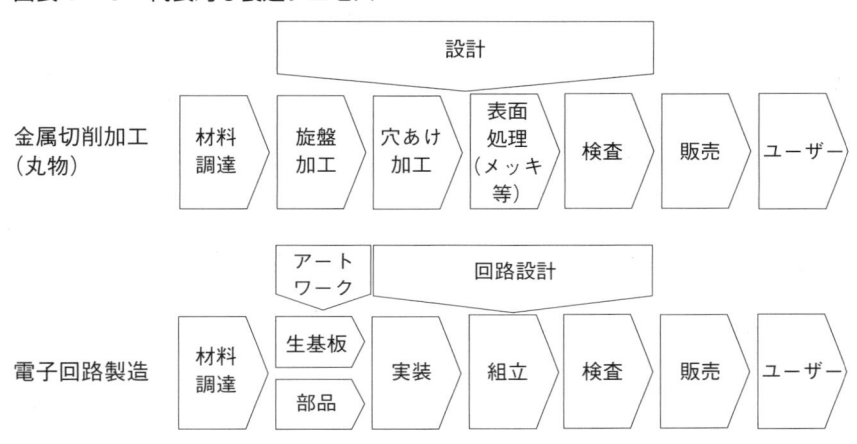

いってほかの外注会社に出して、また戻して最終工程である検査をすることとなります。横持ちが増えれば、当然、それらの外注企業での管理費や物流費が上乗せされることで最終価格は上昇する可能性があります。一方で自社より外注先が慣れている加工であれば価格が低減できることもあります。自社で内製化したい願望の取引先は多いかもしれませんが、設備投資の際には、外注のメリットとデメリットを整理しておくことは必須です。なかには見積単価に目を奪われて、回収できるだけの数量のない案件についても設備投資を進めてしまうケースもあります。バリューチェーンを把握することで、その整理をつけることが肝要です。検査は客先の要求仕様もしくは、自社の規定した規格にのっとって進めることとなります。これは設計をどちらがしたかによりますので、チェックしておきましょう（ほとんどの受託加工案件が客先から要求された仕様に基づいていると思います）。

　２つ目は、電子回路を製造するプロセスです。これと似た場合として、装置のように部品を仕入れて組み立てる事業でも同様のバリューチェーンを描きます。電子回路では、機械系と大きく違うのは設計です。回路の性能を満たすための回路設計と、基板のパターン設計であるアートワーク（設計）の

2つからなります。それぞれ使うCAD（コンピュータによる設計支援ツール）も異なります。回路設計した後に、ノイズなどの影響を受けないよう限られたスペースに回路配置を配置するのがアートワークです。このアートワークで指定したパターンや部品の位置データ（ガーバーデータ）を自動化された実装装置で活用して部品を配置します。実装された回路基板にコネクタや配線などを取り付ける組立工程を経て、電子回路にキズなどの異常がないか、また、動作するかを検査します。量産数の多い基板には、専用の検査装置をつくって対応する場合も少なくありません。

バリューチェーン上は、回路設計、アートワーク、生基板（実装前の基板）、実装・検査に分かれることが少なくありません。電子回路分野では、設計ツールや生基板の製造装置が高額で、設備投資回収の観点からバリューチェーンを細切れにして、中小の事業者間で外注対応しあう傾向が強いようです。

電気・電子回路では、量産数の違い、回路の高速性などにより制御回路の選択が異なります。量産数が多く、回路基板などで組み込まれるものは、マイコンと呼ばれる小さなチップ形状の集積回路を使います。マイコンは、1個数十円ぐらいの単価からあり、携帯電話などさまざまな分野の電子機器に搭載されています。マイコンには、設計者のプログラムを専用のツールで書き込み、動作させます。一方で、制御装置など1台からつくられるものは、PLC（プログラマブルロジックコントローラー：通称シーケンサー）が使われることが多くあります。製造装置のラインなどへの使用を想定し、メンテナンス性と耐環境性を考慮したものです。こちらもLANケーブルなどを経由して専用ツールで書き込みをしますが、こちらはマイコンプログラムに比べて直観的にわかりやすい形式であるラダープログラム（はしご状に構成して順次動作するプログラム）を使い、現場の保守員での対応を前提としています。1台数万円で入出力も専用のユニットがあり、汎用性の高さが特徴です。最近は、FPGA（フィールドプログラマブルゲートアレイ）と呼ばれるマイコンより高速処理のできるデバイスも電子回路関係の中小企業ではよく用いま

す。チップは数十万円することがありますが、現場でプログラムでき高速処理ができるため開発用途などで修正を入れながら使っていくことが多くあります。マイコン、PLC、FPGAは用途と数量に応じて使分けがされるので、事業を理解するのに役立ちます。どこまでが対応範囲かをみることで、どういう仕事でどういう付加価値を出しているかがみえてきます。質問項目の1つとして活用してみましょう。

イ　代表的な加工法

　旋盤加工などの加工法は、前項で示した製造プロセスの一部に位置づけられます。これらは多種多様で、先述したように、工法を詳細に把握する必要はありませんが、専門用語を理解するうえでの参考程度に紹介します。

　ここから金属と樹脂に分けて材料別に加工法を説明します。金属の代表的な加工法としては、大きく刃物で削り取る切削加工と型に倣わせて成形する成形加工の2つがあります。

　まず、切削加工について切削加工機械の代表例であるNC旋盤とマシニングセンターを図表4−10に沿って解説しましょう。丸物を扱う旋盤加工（挽

図表4−10　切削加工機械（NC旋盤とマシニングセンター）

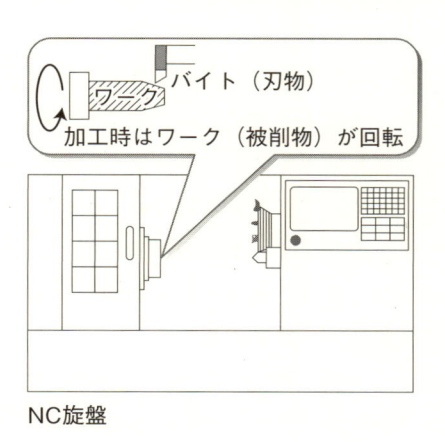

き物ともいいます）では、ワーク（被削物）自体が回転し、固定した刃物で削り取ります。材料の自動供給機が設備されている旋盤では、1つを削り切ったら押し出されるように材料供給されて次の部品加工が始まります。そのため位置決めの時間が短く、量産性が高くなります。一方、マシニングセンターでは、つどワークを位置決めし、固定して、刃物が回転して切削します。（フライスという刃物を使うため、加工法としてはフライス加工とも言います）溝、穴あけ、平面出しなどの加工内容には、刃物を自動交換して対応します。そのほかには、砥石を回転させて高精度で削り取る研削・研磨加工があります。

　成形加工では、代表的に3つの工法があります。金属を1,000℃以上の高温に上げて、ドロドロに溶かした状態で砂や金属の型に流し込んで形状をつくりだす鋳造がその代表的なものです。鋳造は一見考えずにただ流し込むだけと思うかもしれません。しかし、流し込みながら金属は冷えて固まっていくので製品内に温度ムラが生じやすくなります。それが原因で製品強度（具体的にはゆがみが残ったりすること）を低下させないように、いかによい状態で金属を流し込むかという「鋳造方案」があり、そこに事業者それぞれのノウハウが込められています。鋳造の型は、砂でつくったり、金属でつくったりします。砂型は1回使ったら壊して製品を取り出しますが、金型は使い続けます。金型で鋳造する工程をダイカストといいます。

　もう1つは、塑性加工です。これは、材料に力を加えて変形させることで所望の形状にする工法です。押出成形、プレス加工、鍛造が代表的です。押出成形は字のとおり、材料を金型から押し出して形状をつくります。レール状の細長い部品を低いコストで製造できる方法です。プレス加工は、平べったい板に金型内で圧力をかけることで形状を出します。1回のプレスでどこまで形状加工できるか、また、順送プレスという板を逐次に送りながら、金型内で複数工程を経る工法では、何回のプレスで形状を出せるかというところがノウハウとなります。機械依存で大ロットの工法であるため、金型の重要度は高くなります。最後に紹介する方法が鍛造です。字画も似ているの

で、鍛造と鋳造を混同される方も少なくありませんが、鍛造は熱を加えて軟化させた金属に圧力を加えて形状を出す工法です。金型を使うものは型鍛造、動かしたハンマーで圧力を加えるのがフリー鍛造です。鍛錬という言葉でイメージできるように、鍛造やプレス加工では、材料をたたくことで組織が微細化して粘り強さを増す加工硬化という現象により材料特性を向上させることもできます。

　成形加工の3つ目は、粉末冶金です。これは金属粉を型に入れて圧縮した後に焼き固めて強度を出すものです。あまり大きなものができないという課題はありますが、複雑な形状を出せるメリットはあります。

　その他の金属加工では、金型などで使われる放電加工、薄い板にパターンを形成する時に使われるエッチング、おなじみの溶接加工などがあります。図表4-11に代表的な金属加工法の体系を示したので、参考にしてくださ

図表4-11　金属加工の代表例

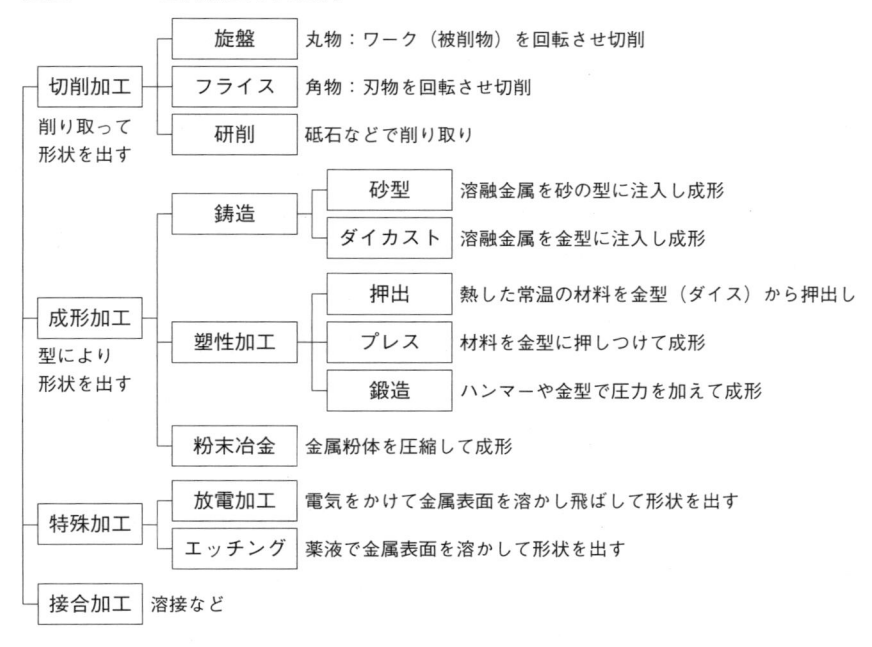

切削加工
削り取って
形状を出す

- 旋盤　丸物：ワーク（被削物）を回転させ切削
- フライス　角物：刃物を回転させ切削
- 研削　砥石などで削り取り

成形加工
型により
形状を出す

- 鋳造
  - 砂型　溶融金属を砂の型に注入し成形
  - ダイカスト　溶融金属を金型に注入し成形
- 塑性加工
  - 押出　熱した常温の材料を金型（ダイス）から押出し
  - プレス　材料を金型に押しつけて成形
  - 鍛造　ハンマーや金型で圧力を加えて成形
- 粉末冶金　金属粉体を圧縮して成形

特殊加工

- 放電加工　電気をかけて金属表面を溶かし飛ばして形状を出す
- エッチング　薬液で金属表面を溶かして形状を出す

接合加工　溶接など

図表4－12　樹脂（プラスチック）加工の代表例

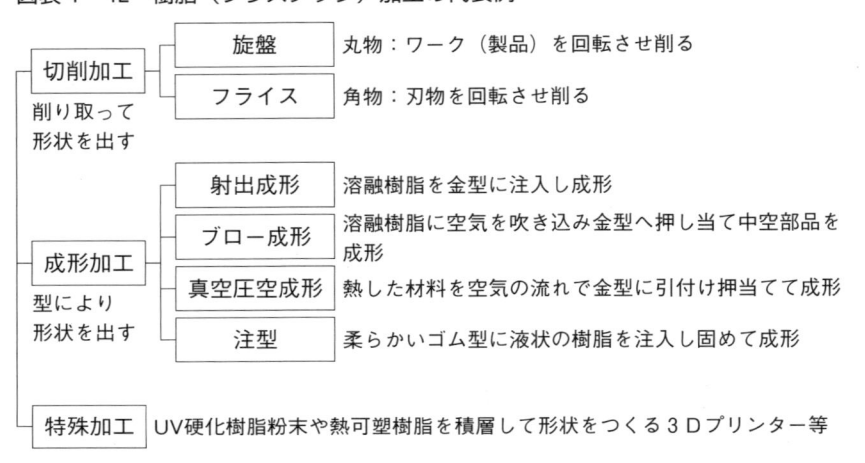

切削加工
削り取って
形状を出す

| 旋盤 | 丸物：ワーク（製品）を回転させ削る |
| フライス | 角物：刃物を回転させ削る |

成形加工
型により
形状を出す

射出成形	溶融樹脂を金型に注入し成形
ブロー成形	溶融樹脂に空気を吹き込み金型へ押し当て中空部品を成形
真空圧空成形	熱した材料を空気の流れで金型に引付け押当てて成形
注型	柔らかいゴム型に液状の樹脂を注入し固めて成形

特殊加工　UV硬化樹脂粉末や熱可塑樹脂を積層して形状をつくる3Dプリンター等

い。

　次に樹脂（プラスチック）の加工についてみてみましょう。図表4－12に示すように旋盤やフライス加工のように金属と大きな違いがない工法もあります。一方で、樹脂の表面硬度がないことから研削など使われない工法もあります。成形加工では、材料の融点や伸びの差異により、金属とは異なる工法が多くあります。たとえば、ペットボトルの製造で用いられているブロー成形は、空気を当てて溶けたプラスチックをボトル形状の金型に沿わせるようにして成形します。これは、重く溶けにくい金属では適用しがたい方法です。

　このように加工においては、材料の硬さや密度によっても工法が変わったりしますし、製作する形状によっても変わってきます。たとえば、4気筒の自動車のエンジンでは、複雑な穴や溝がシリンダー内部につくられていたりして、切削加工で製造しようと思っても、刃物が届かないため、ダイカストで形をつくっておき、高い精度が必要なシリンダー内径のみを切削加工するような工程がとられています。このように各工法は一長一短なので、主要なものについて図表4－13で長所／短所を整理しておきます。

図表 4 −13　代表的な金属加工方法の長所／短所

加工法	長所	短所
切削加工	高精度	加工時間が長い
鋳造	中空構造など複雑な形状が可能	表面性状や均質性の程度に限界がある
押出成形	表面性状、コスト安	形状の制約（レール状）
プレス加工	大量生産	初期費用（金型）が高い
鍛造	加工硬化	騒音、複雑形状への対応が難

　また、同じ工法であっても、製品製造上で重視するポイントにより、仕上げ方が変わってきます。

　たとえば、製缶作業で鋼製の筒を製作する場合でも（高い圧力の気体や液体を充填する目的でつくられる）「圧力容器」なのか、「ただの筒」なのかでは手間や製品に必要な要素がまったく異なってきます。圧力容器の場合は、もれや亀裂がないかなど規定された厳格な検査が必要となります。こういう検査対応が、圧力容器製造に慣れた製缶会社の付加価値となります。金融機関担当者は逆に「何が普通の筒と違うのですか」と遠慮なく、自分の感覚で質問しても問題ありません。

　樹脂成形も同様です。外観を気にする製品では、（金型のあわせ面に生じる）パーティングラインや（樹脂の注入口である）ゲートが目立たないように金型や製造条件を工夫しています。金型内で樹脂が想定したように流れ込まないとさまざまな態様の欠点を引き起こします。それらの代表的な現象がヒケ（冷えて収縮する際の温度ムラに起因するへこみ）、ウェルドライン（流れ込んだ材料が冷え過ぎたことによる融着不良の跡）、フローマーク（樹脂を無理に流し込んだ部分に生じる跡）です。これらの欠点を生じさせないように長年の経験値や流動解析などのシミュレーション技術を使って、さまざまな寸法や温度条件を試行錯誤して最適化します。

　また、金型などでは、複雑な形状への対応も強みとなったりします。アン

ダーカットといって成形品を金型から取り出そうとしても、引っかかってしまうような凹凸形状がありえます。その場合は、スライドなど金型が一部引っ込む構造を取り入れることで金型代が高くなったりします。一方で、価格が安いことが優先されたり、外観より機能性が優先されたりするものは、量産性や機能性を追究した結果としてパーティングラインが目立つものもあります。それぞれの会社・案件に求められるものが何か、通常との違いは何かを聴き取っていき、自分のなかに情報として蓄積していくことが必要なのです。

(2) 4 Mの視点による製造力の評価

　ここまでに製造業の分類や工法の違いについて解説してきましたが、同じ業種（たとえば、切削加工）の取引先であっても個々に企業努力をして、独自の強みを積み上げてきているはずです。ここからは、個々の企業で強みを見つけていく視点について解説します。だからといってむずかしい専門用語を理解する必要はなく、経営者の発言を大づかみにとらえ、「詳しくはわからないがこんな感じのことをいっているであろう」というレベルで理解すればよいという立場に立ちます。言い換えれば、製造業の業務知識そのものを深掘りするのではなく、出している付加価値をとらえる枠組みを紹介します。それが4 Mの視点です。

　4 Mは、製造業の生産性や品質の改善などでよく用いられる視点（フレームワーク）です。たとえば、大企業と取引しているような部品製造業では、歩留まり向上のために改善をして、結果として工程を変更した場合は、4 Mにのっとって問題となる事項がないかを検討し、その結果を客先へ提示することがあります。そのため製造業にはなじみやすいフレームワークともいえます。4 Mの言葉や考え方だけでも知っていれば、製造業の経営者に一目置かれることがあるかもしれません。

　フレームワークの多くと同じように、4 Mも語呂あわせでできています。

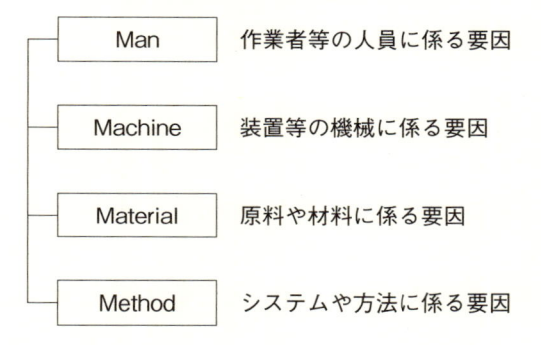

図表4−14　4M

4Mは、解析・分析の切り口となる

Man	作業者等の人員に係る要因
Machine	装置等の機械に係る要因
Material	原料や材料に係る要因
Method	システムや方法に係る要因

頭文字にMのつく、Man（人員）、Machine（機械）、Material（材料）、Method（方法）の4つの視点で不良などの事象を分析します。たとえば、金属を切削して部品を製造している工程で歩留まりが目標より低いようなケースであれば、Man（人員）の問題として「作業者の基本的スキルが不足しているか」、Machine（機械）の問題として「機械剛性が不足しており、切削精度にばらつきが生じているか」、Material（材料）の問題として「材料自身の成分の不良やばらつきがあるか」、Method（方法）の問題として「作業の標準時間に無理があるか」という視点で検証したりします。4Mは、分析や解析の切り口となり、不良の当事者が思い込むなどして狭まっている視点を補い、解決策へ近づけるものとなります。

　それだけでなく、4Mは事業性評価にも有効です。製造業には、化学品などを自動ライン化して生産する設備集約的な会社もあれば、部品の取付けなど人手で作業する労働集約的な会社もあります。労働集約的な会社であっても、組立場や取付けを効率化するための治具などなんらかの設備投資が必要となる場合が多いのです。設備投資にあたっては額が大きければ大きいほど会社としての重点度が強くなり、その重点度にあった事業展開を志向します。そのため取引先は、できる限り「自社にあう仕事」を求めます。事業方向性に従って、4Mのバランスを最適化しながら事業をしており、その特徴

を理解することは事業性の評価精度を高めます。

　先述したように製造業になじみの深いフレームワークなので、以下からは4Mを使って、製造業支援に必要な解釈のポイントを示します。

ア　Man（人員）

　取引先の人材の強みの観点で大事なのは、技能面が重視される工場などでは機械操作などの技能レベルと良品などの可否の判定レベルです。特に町工場における技能上の強みは、属人的であることが多く、製造時の音やにおいなども含めた五感を駆使して行う手作業など暗黙知的で伝えることがむずかしいものです。まずインタビューでは、「いちばん技術・技能のある人は、どんなことができますか」と問いかけてみましょう。さらには、ほかの従業員や他社との違いがわかるような出来栄えを現物確認できるとよいです。

　それらの強みを属人的な状態にとどめずに、会社として共有する取組みをしているかは大事なポイントです。それが会社としての品質レベルにつながるからです。共有度合いの指標となるのは、「人員体制」と「教育機会」となります。

　人員体制の観点では、各世代にスキル保有者を配置しているかが重要となります。ギリギリの稼働状況にある会社では、1人の優秀な職人にむずかしい仕事が集中する傾向にあります。技能を伝え、継承する観点から同じ機械を担当するキーマンを各世代（理想的には10歳間隔ぐらい）に配置することが望ましいのです。

　体制を有効に機能させるためには、教育機会も重要です。レベル向上には、質と量のトレードオフの関係、すなわち、「精度」を追求しつつも「製造効率」を最大化するというむずかしい課題を解決しなくてはなりません。3交代勤務している工場では、無理のない勤務シフトをとりますし、受注変動のある工場では作業に集中できるように残業や休憩時間の管理も必要です。こういった制約がある状況でも、人材の質を上げることが強い体質をつくりあげる基盤なので、取引先の経営者は従業員の教育などに腐心します。

そのためにコミュニケーションのとり方は重要です。勉強会などを定期的に開催しているか、技能系や管理系などの資格取得を奨励しているかといった教育機会を確認しましょう。技能士などの資格を重視することには賛否両論がありますが、会社内での職人間の底上げとばらつき極小化にはつながります。OJTによる社内教育の場合は、あまり近い世代だと職人間のライバル意識も出るので、少し年齢が離れたほうが教育は進むことが多いようです。どういう形式がよいかは取引先の社風などにも依存するので、どんな人員体制で技能や技術の継承を行っているかは確認しておきましょう。たとえば、男性社員から女性社員にノウハウを移転したほうが、教育が進むという効果を得ている会社もあります。

　社内での承継がむずかしい場合は、外部人材に依存することも大事です。たとえば、大企業で品質管理のノウハウをもった他企業からの転職者を採用したりすることなどです。ISOなどの品質管理に関しての知識を身につけるには、セミナーなどの教育機会が必要であり、ゼロから自社で負担するよりも費用対効果が高いといえます。

　他社での経験値のあるスキルワーカーの獲得なども手段としては有効です。新卒にはなりますが、工業高校で取引先の関連技術を学んだ人材を採用することも基本の教育に時間を割かなくてもよい点で有効です。工業高校や職業訓練校などへのアプローチも日頃からしておくと、よい人材の獲得に有利に働きます。中小企業は、こういった学校に仕事内容や社風などが知られていないことが多く、伝えておくことだけでもだいぶ違います。金融機関の地域ネットワークでこういった学校との橋渡しなどができると支援として効果的です。これらにより培った教育体系採用ルートなどは、取引先独自の強みとなります。

　金融機関や支援機関の担当者がさまざまな企業を回るなかで見聞きした教育や採用ノウハウは、しっかりメモして、（利害相反などのない範囲で）必要としている企業に情報提供していきましょう。また、研修や採用の情報は、同様に有効なので積極的に提供していくとよいでしょう。大企業に比べ人数

が少ない中小企業では、講師の招聘やエージェントの活用などに教育や採用の1人当りに換算したコストが高くなりがちです。そのため合同で研修したり、新卒の採用イベントをしたりすることもあります。それらのハブ機関として金融機関が機能すると、取引先との信頼関係を強化することができます。

イ　Machine（機械）

　製造業向けには、本当に多くの種類の機械が販売されています。付加価値をよりよく解釈するために、個々の機械を考える前に、工場を生産形態により図表4−15のように分類してみます。中小製造業の多くは、ジョブショップ型製造、組立型製造、プロセス型製造の3種類に入ります。

　ジョブショップ型は、工作機械の加工機能ごとにひとまとまりに配置したジョブショップを、加工内容に応じて渡り歩き、製品を完成させる方法です。組立型は、文字どおり電気製品などを材料や部品を集めて組み立てるものです。プロセス型は、化学工場に代表されるもので、原料の温度管理や混合などにより化学変化等を引き起こして、製品を生産する方法です。食品製造業では、弁当の製造ラインは組立型で、飲料の製造ラインがプロセス型となります。

　主にジョブショップ型は、金属加工の会社でよくみられる製造方法で、材料の余分な部分を切断するワイヤー放電加工機→金属の切削加工をするマシニングセンター→金属表面を仕上げる平面研削盤と各ショップを渡って加工が進んでいきます。ワークの流れを意識した配置で設備をレイアウトします。しかし、すべての機械設備が均等に稼働しているわけではありません。要求される加工内容で使う設備と使わない設備があります。たとえば、あらかじめ切断した材料を仕入れれば、ワイヤー放電加工機の稼働率は下がるかもしれません。その時々のトレンドで設備の繁閑変動はあるので、「どの設備の稼働率が高いですか」「その設備のどういう点が顧客から評価されているのですか」などという質問を切り出して、今後の方向性をつかんでおきた

図表4-15 生産形態による工場の分類

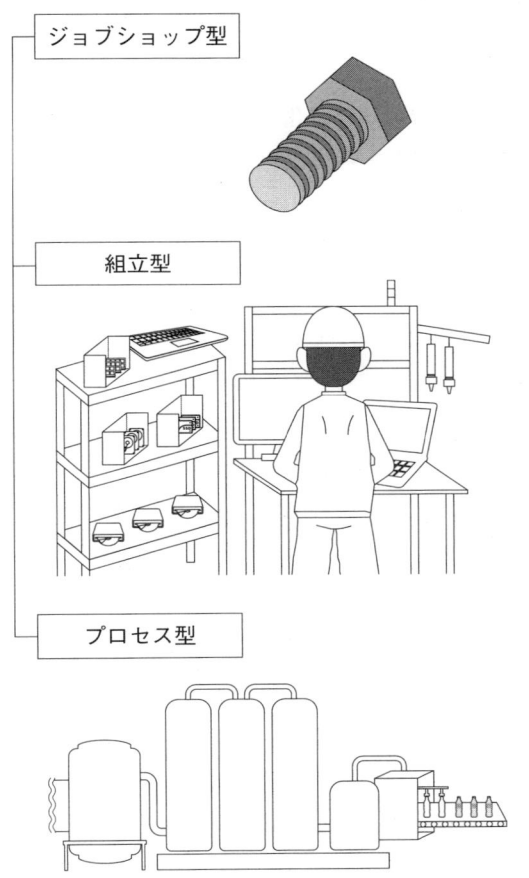

ジョブショップ型

金属加工会社などに多い
　加工内容ごとに機械がまと
　まっていて、その間を受け渡
　して完成させる

組立型

電気製品、弁当製造などで多い
・ライン生産：1本のラインに
　製品が流れ、作業者が並び、
　順次部品等を取り付けて完成
　させる
・セル生産：場所を固定してお
　き、少人数で最初から最後ま
　で組み立てて完成させる

プロセス型

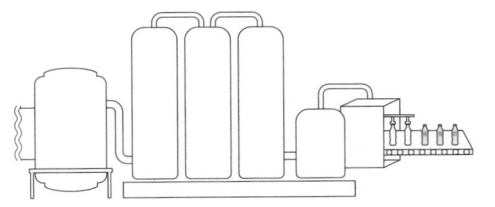

飲料、化学品の製造などで多い
　原料を投入してから、温度や流
　量を管理して、混合や化学反応
　などで製品を完成させる

いところです。そうすることで将来に向けて必要な設備投資、ひいては設備
資金の需要がわかります。

　ジョブショップ型と比較して、組立型やプロセス型は、一気通貫で対応す
る仕事が多く、一部だけを使うという場合は多くありません。組立型をさら
に分類すると、ライン生産とセル生産に分けられます。ライン生産では、一
方向に流れるラインに作業者が配置され、順序に従って組み立てていく大量

生産に向く方式です。一方、セル生産は、1人ないし少人数で最初から完成するまで組立を受持つ方式で生産量や工程の変更などにも柔軟に対応できる方式です。

　ライン生産は、その性質上、特定製品の専用機化してしまう傾向が強くなります。そのため、ラインの稼働率を採算レベルに保つための売上が確保できるかが重要なポイントです。特に昨今、製品の小ロット化が進む傾向にあるので、稼働状況をみながらセル生産への移行なども視野に入れたアドバイスをできることが望ましいです。

　ジョブショップ型の金属の切削加工会社などでも設備の専用機化はあります。客先からの受注量の多いものは、専用機化して専用の取出しロボットと連動させたり、ワークの入込み用の治具や設備を特注で設けたりしている場合が相当します。こういったケースは、この量産品が継続的に受注できないと経営を圧迫することとなりますので、売上の変動には注意が必要です。

　プロセス型の設備は、ビール工場などの見学で経験しているかもしれませんが、中身がみえないので、一見すると何をしているかがわからず、解釈に困ることが多いと思います。プロセス型は、24時間連続稼働などの形態が多いので、付加価値のポイントとしては「安定操業」があげられます。プロセスは、化学的に溶けたものを扱ったり、反応したりするという現象を扱っており、温度、湿度などさまざまな条件が変わることで、大幅に歩留まりが落ちてしまうことがあります。プロセスを変えると歩留まりが落ちるケースもあります。また、設備の立ち上げに時間がかかる場合もあり、そのため変化を好まず保守的になりがちです。一方で、競争環境には置かれているので、製品の陳腐化を防ぐためにも新規事業投資はしていかなくてはなりません。設備を構築しても、温度などのパラメータが多いため、一朝一夕には条件確立できません。そのため出遅れは禁物で、開発に向けた早めのマーケティング活動が重要となります。取引先としてもマーケティングの支援は歓迎するところでしょう。

　以上、ジョブショップ型、組立型、プロセス型で違いはありますが、とも

に機械設備の稼働率を把握することは欠かせません。金融機関の担当者は、取引先の設備1つ当り、ライン1本当りの売上換算で、いまどれぐらいの稼働率なのかをインタビューなどにより把握してみてください。そのためにも工場訪問して、各設備の関連性を聴き込むことがその第一歩となります。

最後に、工作機械について現場でインタビューするにあたって押さえておきたい項目が2つあります。それは一部の機械に、汎用機とNC機が存在すること、そして、立型と横型が存在することです。旋盤、マシニングセンターなどがその代表格です。

汎用機とNC機の違いは、切削加工などでの刃物やワーク（被加工物）の動きや位置の決め方にあります。汎用機は、一般に職人が旋盤などにつけられている位置を示す目盛、切削時の音やにおい、手応えなどを参考にして手作業で形状を削り取っていく機械です。一方で、NC機は、Numerical Controlの名のとおり、あらかじめプログラミングした数値のとおりに刃物やワークが制御され動作して加工します。汎用機だからといって精度が低いわけではなく、腕のよい職人さんにかかれば、より高精度な加工が可能です。また、単品などの加工では、段取りなどの点でNC機より短時間に製造できたりします。NC機が一般的に優れているのは、作業者に依存せず再現性高く加工できる点と作業者がつきっきりにならなくてよいという点です。汎用機を新規に購入するケースはほとんどありませんが、まだまだ重用している取引先も少なくありません。汎用機とNC機の使分けは、受注する仕事内容に依存するので、その理由をよく確認しておきましょう。また、汎用機は技能差が出やすいので、前記アで示した技能承継もできているかを確認しましょう。

立型と横型の機械の区別の例として代表的なのは、図表4−16に示すマシニングセンターです。立型は、水平なテーブル上にワークを置き、刃物の軸が垂直に降りてきて加工をするタイプです。一方、横型は、垂直面のテーブルにワークを置き、水平方向に移動する刃物が加工するタイプです。特に中小製造業では、立型のマシニングセンターのほうが設置比率は高いと思われます。場所がコンパクトで平均価格帯も安い傾向にあります。もちろん精度

図表4−16　機械の立型と横型の例

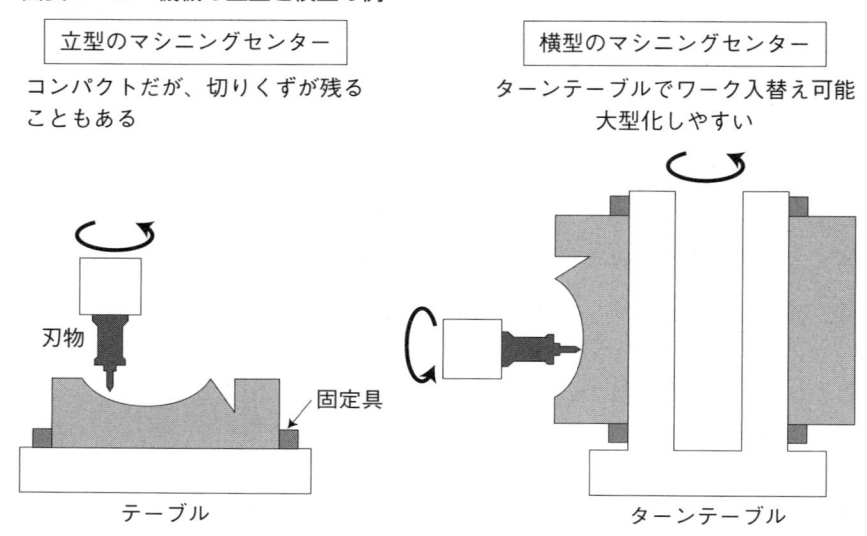

| 立型のマシニングセンター |
コンパクトだが、切りくずが残る
こともある

刃物
固定具
テーブル

横型のマシニングセンター
ターンテーブルでワーク入替え可能
大型化しやすい

ターンテーブル

を高めるため機械剛性を向上させた機械では、価格は高くなります。一方
で、横型マシニングセンターは、大型になり、平均価格も上がります。しか
し、パレットチェンジャーやイケールといった治具により複数のワークを取
り付けて連続的に加工ができるため、量産性の高い機械となっています。横
型マシニングセンターへ投資する場合は、量産の仕事が増加したタイミング
が多いので、金融機関担当者は、その仕事の継続性も含めて導入目的を確認
しましょう。少し手間をかければ縦型のほうが投資対効果の高いケースもあ
るかもしれません。設備投資の前に取引先と一緒に考えていきたいもので
す。その他の機械に関しての特徴は、図表4−17に示したので参考にしてく
ださい。

　高い設備やラインを導入すれば、即製造ができるというものではありませ
ん。高精度加工や効率のよい組立をするためには、ワークの固定が大きな問
題となります。そのために各取引先が独自で考案しているものが、「治具」
です（もともとは英語のjigを語源としています）。治具とは、加工や組立ての

図表 4 −17　機械の立型と横型の特徴

	立型の特徴	横型の特徴
旋盤	・大径の丸物に対応	・小径長尺の丸物に対応 ・供給機付きで連続加工 ・切りくずの排出性
マシニングセンター	・設置場所が小さい ・加工進度がみえやすい	・パレット使用で連続作業可能 ・切りくずの排出性
射出成形機	・設置場所が小さい ・インサートなど型内の作業がしやすい	・取り出しやすく量産性が高い

際にワークや工具類の最適な位置を指示したり、固定したりするのに用いる器具のことです。たとえば、爪の先ほどの微細なワークを切削加工しようと思っても、刃物の動かし方は各社独自で、それにあわせて固定方法も考えなくてはなりません。そもそも爪の先ほど小さな物体をしっかりくわえて固定すること自体に難易度があります。その点が加工ノウハウの一部になるわけです。どのように治具を設計するかは言葉では表現しがたいですが、各社独自の考えがあり、差別化要因にもなっています。だいたいは取引先も具体的なことは内緒にしますが、治具にノウハウがあるかないかぐらいは確認しておきましょう。

ウ　Material（材料）

　製造業で使われる素材は、金属をはじめ木材、石材、窯材、ゴム、ガラス、プラスチックなどがあります。各材料を区別するのに、アルファベットで表される材料記号を使います。そのため、知らない方には何をいっているかイメージできず、製造業への理解を妨げる一要因になっているのではないでしょうか。そこで、本項では、よく使っている材料だけに絞って解説します。ポイントは、標準的な材料と少しよい材料の2種類を覚えることにあります。

金属材料では、標準的な材料として、鉄がよく用いられます。鉄は「産業の米」ともいわれており、地球上の３分の１の重さを占める採掘量の多さゆえに安価であること（2018年の棒型鋼の相場で１kg当り70円近くであり、kg単価ではペットボトル飲料より安く流通しています）、任意の形状に加工することが容易であることなどのメリットがあります。

　また、炭素などほかの成分を添加することで硬い「鋼」となり、硬度を調節できる特徴もあります。鉄系の金属材料は、添加する「炭素量」で少し（特性が）よくなり、材料記号が変わるようにJISで規定されています。材料に含まれる炭素量が多いと、硬くなるが、脆くなる特性があります。一般に炭素の含有量を示す数字を加えて、炭素が0.45％加えられている炭素鋼は、

図表４－18　代表的な鉄系の材料

分類	記号	記号例	説明
鉄 （炭素～0.02%）			
鋼 （炭素0.02～2.14%）	SS＊＊＊	SS400	一般構造圧延鋼 （＊＊＊は最低引張強さ）
	S＊＊C	S45C	機械構造用炭素鋼 （＊＊は炭素含有量）
	SCM＊＊＊	SCM440	クロムモリブデン鋼 （下２桁の＊＊は炭素含有量）
	SK＊＊＊	SK120	炭素工具鋼 （＊＊＊は炭素含有量）
	SUS＊＊＊	SUS304	ステンレス鋼 （１桁目の＊は金属組織の相下２桁の＊＊は鋼種番号）
鋳鉄 （炭素2.14%～）	FC＊＊＊	FC250	普通鋳鉄（ねずみ鋳鉄） （＊＊＊は最低引張強さ）
鋳鋼	SCS＊＊	SCS13	ステンレス鋳鋼 （＊＊は、鋼種番号）

S45Cという表現をされています。ステンレスでよく使われるのは、SUS304という材料です。鉄系の代表的な材料を図表4−18に示しました。

　その他、材質としては、非鉄金属で、アルミのＡ＊＊＊＊、銅のＣ＊＊＊＊などとなっています。

　名前の付け方には、JISの細かいルールがありますが、統一性はありません。たとえば、Ｃは、Casting（鋳物）を指し、Ｋは、Kogu（工具）を指したりするが、SCMのCMは、chromium molybdenum（クロムモリブデン：自転車のフレームに使われることがある高強度材）の略ですし、SGPのGPは、GasPipeの略であるので、記号をみただけでは想像がつきません。これとは別に、材料形状での特徴もあります。板材では、一般冷間圧延鋼板のSPCC、パイプ材では、配管用炭素鋼鋼管のSGPや一般構造用炭素鋼鋼管のSTKなどがあります。そのため中心となるものだけ覚えて、後はその場で「その記号は何の材料ですか」と尋ねても何の問題もありません。SS400、S45C、SUS304ぐらいを覚えておけば十分です。

　樹脂は、各製品に要求される耐熱性、強度、耐薬品性などにより、素材の使分けがあります。成分的には同じ材質の範疇であっても、耐熱性、耐候性、流動性、難燃性、潤滑性、耐衝撃性などの特性を向上させたグレードを樹脂種類ごとに用意しています。また、ガラス繊維やその他の添加物などの充填剤（フィラー）を入れて、特性を向上させたりもします。その一方で、フィラーが入ることで金型（内の摩耗量が増加して）寿命を縮めたり、ヒケ（成形時の温度ムラによるしわ）などの品質低下を引き起こしたりすることで非常に繊細な使い分けをします。材料記号を覚えるだけでなく、どういう使用環境でどういう特性をもたせた樹脂製品を製造しているのかをまず押さえていきましょう。大きくは、生活用品などで使われるポリエチレンなどの汎用プラスチック、コネクタのはめあい部分等で使う高強度のエンジニアリングプラスチック、半導体装置部品などの高温下で強度を求められるスーパーエンジニアリングプラスチックの3つの区分を押さえておけばよいでしょう。具体的な材料記号は、図表4−19に示すので参考にしてください。

図表4-19　代表的な樹脂材料

分類	記号例	説明
汎用プラスチック	ポリエチレン(PE)、ポリプロピレン(PP)、塩化ビニル(PVC)、ABS、アクリル(PMMA)	生活用品や建築資材、一般筐体類
エンジニアリングプラスチック	ポリアミド（PA：ナイロン）、ポリアセタール（POM）、ポリカーボネート（PC）、PET	機構部品（ギア等）やコネクタ類
スーパーエンジニアリングプラスチック	テフロン（PTFE）、液晶ポリマー(LCP)、ポリイミド(PI)、PEEK、PPS	高温（150度〜）で使用する部品、耐溶剤性部品、金属代替などの高強度部品

　金属や樹脂に共通することですが融点の高い、すなわち溶けにくい材料を扱って加工するほうが、難易度が高くなります。樹脂ではスーパーエンジニアリングプラスチックを成型する場合は、汎用より200℃近く樹脂温度が上がることもあり、加熱するエネルギーも多くかかりますし、流れ込みにくさも増して温度コントロールもむずかしくなります。材料の違いによる加工のむずかしさの差異については、インタビューで聴き込みましょう。客先から新材料を使用した製品の打診があった場合、成型機を変えなくてはいけないのか、加熱設備の追加投資だけで乗り切れるのかは確認しておきたい事項です。

　切削加工では、硬度も重要となります。HRCやビッカースなどの硬度表示があります。細かいことを覚える必要はないですが、汎用的な材料よりどれぐらい硬いものを切削しているか、刃物はどれぐらいで消耗しているかなどをインタビューすることで仕事のむずかしさが理解できるようになります。

エ　Method（方法）

日本の製造業が、金科玉条として守ってきたのが、「高精度」です。しか

し、なぜそこまで高精度が必要なのでしょうか。工場見学して、マシニングセンターの前に立って、刃物が動くのをみても、その答えはわかりません。本項では、高精度が必要な理由と、それをどうやって実現するかという方法をお伝えすることで、高精度に対する解釈ができるように意図して説明します。

　高精度が必要な理由を簡単にいってしまうと、ねらった形状やパターンがずれないようにするためです。たとえば、部品を組み合わせて半導体製造装置をつくっている場合を考えてみましょう。われわれのスマートフォンに入っている半導体には、微細な回路パターンが形成されています。そのパターンを数十枚のフォトマスクと呼ばれる原版を使って光学的に焼き付けるのが露光装置といわれる光学装置です。このパターンは非常に微細で、重ね合わせの精度が2.3nm（ナノメートル＝10の－9乗）になります。光線を出す光源を支える部品の精度が、0.1mm程度だったら、装置がナノの精度を維持できるでしょうか。なんらかの補正をするとしても部品は、最低でもマイクロメートル以下になるように高精度につくらないと現実的でないでしょう。このように位置決め精度の高さを要求される分野、特に光学・精密機器関連などでは部品精度も高くなります。

　では、加工における精度を満たさなくする要因はどんなことでしょうか。1つには、機械そのもののガタつきなどがあげられます。これは工作機械メーカーが日夜努力して、がっちりとしたフレームをもつ剛性の高い機械を構成したり、位置の機構的、ソフト的補正をしたりして改善をしています。ガタつきについては、ユーザー側で改善できる余地は多くはありません。

　ユーザー側での精度改善手段としては、イで説明した治具の性能を高めることもあげられます。もちろんガタつきがないようにワークを固定することは大事です。しかし、それでも避けられない誤差の原因があります。それは素材の特性に起因することです。具体的には、図表4−20に示す材料自身の熱膨張や自重によるたわみ、固定による変形などです。環境要素として、熱、外力などが精度を落とす原因になりうるのです。うがった見方をすれ

図表4−20　加工精度の維持をむずかしくする要因

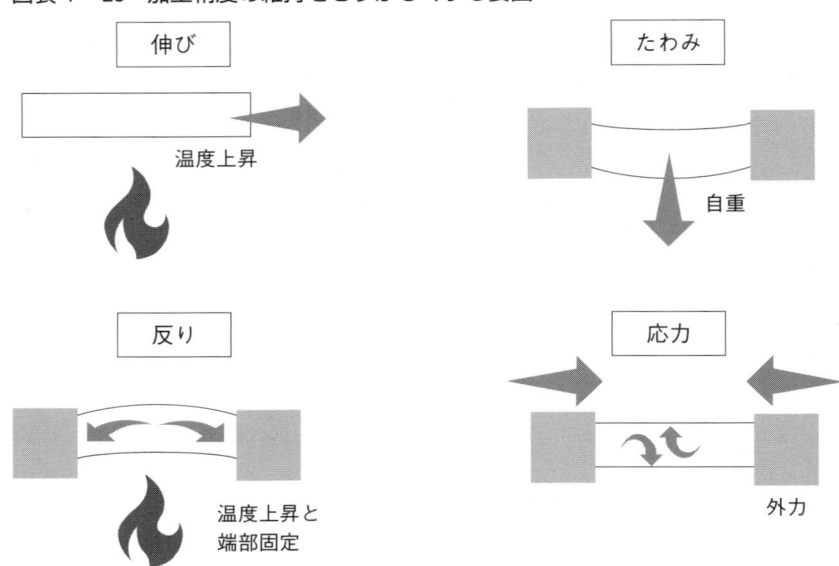

ば、精度を出すこと以上に、環境条件を安定させることがむずかしいとも言い換えられます。

　金属は、温度が上がると膨張する性質があります。鉄道でガッタンゴットンという音が出るのは、熱膨張でレールがせり上がらないように、レール間に設けた隙間を乗り越えるからというのはよく知られたことです。鉄の伸びの具体的な数値は、線膨張係数という値で計算でき、1mの鉄棒が10度温度上昇すると、0.117mmの伸び量となります。たとえば朝の涼しい時間に直径1mの円盤を治具で固定して、昼間10度ぐらい温度が上がったところで穴あけ加工をすると、穴位置が0.1mmずれる可能性があるということです。そうすると寸法ギリギリにかみあうように設計した別の部品と組み合わせたときに、うまくはまらないということが起こりえます。工作機械の主軸（回転軸）などは動かしたままにしていると、自然に10度近く温度が上がり、誤差を生ぜしめる要因となります。高精度加工を売りにしている会社では、空

調を23度に固定などしているところも少なくありません。特に検査工程などは、非常に影響を受けやすいので注意が必要です。空調の投資も積極的にしている加工会社がありますが、こういった事情があることをご理解いただけるとよいでしょう。

　材料のたわみも無視できません。長さ1,000mm直径10mmの鉄棒の両端を支持すると、自重により真ん中の位置でたわみが生じます。計算上は、0.8mm弱ぐらいの最大たわみとなります。薄かったり細かったりするワークでは、治具を工夫してたわみを生じさせないようにしないと、ミクロン台の加工はむずかしいことがわかります。また、逆に把持力を強め過ぎるとワークの変形が生じることにも注意が必要です。

　ワークに働く外力はやっかいなもので、外力を取り除いた後も残留応力というかたちで残ることがあります。この残留応力が悪い方向に働くと、材料の強度を弱め、より弱い外力で割れなどが生じて壊れてしまったりします。割れなくとも、反りが生じてしまい期待した形状を実現できないことにもなります。残留応力を発生させる原因は、物質内部の不均質さであったりします。そのため金属の溶接部分、金属鋳造や樹脂成形の金型内で溶融物の流れが合流して融着した部分などに生じやすくなります。反りを生じさせないように、樹脂成形では補強部分などの形状を工夫したり、溶接では溶接する位置をこまめに変えたり時間を置いて温度差をつけにくい状態で施工したりします。不具合がないように、溶接部分の検査方法（PT（浸透探傷試験）、MT（磁粉探傷検査）、RT（放射線探傷検査）、UT（超音波探傷検査））や樹脂成形の流動解析などのシミュレーション技術などにも各社は工夫をしています。高精度加工をしている会社では、施工方法、検査方法・体制やシミュレーションなどへの取組みが強みとなっている場合がありますので、よく聴き取りましょう。

　精度の維持は、機械加工分野に限定されたものではありません。電気・電子分野でも必要となります。近年、電子回路基板で使われる電子部品で極小化が進んでおり、0.2mm×0.1mmの寸法のチップ部品が使われ始めていま

す。全自動の実装ラインでは、このチップ部品を微細なノズルで吸着して、基板の所定位置に配置して、その後、加熱された雰囲気ではんだを溶かして基板に定着させることをしています。これぐらい微細な部品になってしまうと、吹きかけた加熱雰囲気の勢いでチップがずれたりします。そうならないように吹きかける治具などで工場独自の工夫をしながら、高密度実装に対応していたりもします。

　これ以外にも、電気・電子分野の分野では、信号という目にみえず扱いにくい対象があります。信号における精度を理解するうえで、重要な概念はデジタルとアナログです。申し上げるまでもないかもしれませんが、信号などの波形を表現する場合に、デジタルとは離散量（とびとびの値）で、アナログとは連続量で表現される方法です。音や画像の信号では、アナログで聞こえたり撮影したりする音や光について、数値化（信号の強度を数値化することを量子化、信号を一定の時間間隔に切り刻んで収集することを標本化（サンプリング）といいます）してデジタル信号をつくります。デジタルで表現する波形をどれだけ滑らかで高い再現性をもたせられるかは、量子化と標本化の細かさに依存します（デジタルカメラなどで示される画素数は、標本化の程度を表します）。テレビカメラでとらえた信号に関してアナログ放送とデジタル放送の違いをイメージしてもらえるとわかりやすいでしょう。2011年にデジタル放送へ完全移行した時には、アナログ放送に比べて高い解像度で感動さえ覚えたものでした。しかし、欠点もあります。大気が安定せず、電波状況が少しでも乱れてしまうと、画像全体が崩壊しまったく内容がつかめなくなることになります。アナログ放送時代は、解像度は高くないものの、電波状況が多少悪くても大まかな映像は認識できるので、スポーツ中継などの時は助かったものです。

　このことからもわかるように、デジタルとアナログの技術特性は、「デジタルは、細部まで正確だが、いったんデータが崩れると全体が動作しなくなる」「アナログは、細部は粗くなるものの全体感を理解するには向いている技術で、厳密な指示でなくてもだいたいの動作させることができる」ことに

あります。デジタルにせよアナログにせよ信号には、正しく伝達するうえでノイズが大敵です。ノイズに対しても、機械分野でいうところの安全率と同様に、ノイズ耐量を設計的に織り込んで対処しています。信号として伝送する場合には、通信のための手順（プロトコル）やデータ圧縮の方法などを工夫しています。これ以上、細かくは申し上げませんが、こういう設計技術も強みとなってきます。

　製造工程などで扱うデジタルデータは再現性が高く、たとえば数値制御された工作機械による機械加工では、一定の品質で管理された大量生産を実現します。その半面、デジタルは、末端までの厳密性を保つためにも、指令用の完全なデータができていないといけないことになります。たとえば、鉄板を固定する目的で、「ネジを取り付ける穴を1個追加で開ける」という簡単な内容でも、指令データをつくらなくてはなりません。もし取付位置の要求精度が高くなければ、作業者が目視した位置に手動（アナログ）操作の汎用機械で穴をあけてしまえば目的は達成できます。加工コストを検証してみると、この場合はアナログに頼るほうが安価に実現できます。デジタルが便利だからといって、製造という目的を考えたときにコストパフォーマンスは高くない場合もあるのです。これが町工場が生き延びられる理由にもなっています。設備投資した減価償却費がコストに反映されるので、最新の機械をそろえても経営の観点からはよくならないこともあるのは、こういった理由に起因しています。顧客から求められる付加価値を理解し、デジタルとアナログを使い分けることが事業継続には不可欠です。顧客の求める仕様に対して、選択する製造方法が妥当かを取引先に確認することが、製造方法における強みを発見することにつながります。

経営者へのインタビューの実践方法

　本章では、企業訪問時のインタビューの進め方について解説します。事業性把握の大事な過程の１つです。現状を把握するためには、席についてからのインタビュー以外にも、五感を働かせて、取引先を感じ取ることが理解への近道です。場数を踏むということに加え、本章で説明する手順で進めることで習熟度が向上します。

　バリューチェーンや製造業の強みの出し方について学習できたＡさんが、いよいよ企業訪問をすることとなりました。これから訪問する町工場は、金属加工をなりわいにしています。幸いにも現場あがりの社長と面談できることになりました。Ａさんは、頑張らなくてはならないと思い、一通り過去の訪問記録から業種、従業員数、保有設備などを調べて、頭のなかに質問項目をイメージすることはできました。さて、どのような順番で対話を進めていけばよいのでしょうか。

　営業効率の観点で、経営者インタビューはできるだけポイントを押さえて短くまとめたいと考える地域金融機関の担当者は、少なくないでしょう。しかし、筆者の経験上、複数回訪問した企業であっても、マッチングなどの深い支援の場面を迎えてはじめて、理解できる強みがあったりするものです。インタビューで取引先の全容をつかむことがむずかしいことを日々痛感します。そのためインタビューをするにあたっては、短くまとめようという意識は捨ててしまったほうがよいかもしれません。だからといってやみくもに長くする必要はないのですが、取引先自身も明確に気づいていなかったり、伝えられなかったりする強みがあり、取引先主導で気持ちよく話し出してもらうことを心がけましょう。インタビューを有効にするためには、聴く側から生きた質問を繰り返すことが大事です。インタビューにリズム感をつけていくことで、相互に質問と回答が引き出されていき強みへの理解が深まっていきます。本章ではその点を意識しながら、聴く手順を示します。

1 インタビューの流れ

　金融機関担当者が取引先の経営者へのインタビューに苦手意識をもつと、その雰囲気は相手にも伝わります。まず、苦手意識を克服するためにも開き直ることをお勧めします。開き直りのポイントは2点あります。1つは「聞いても完全には理解できない」という知識の限界を知ること、もう1つは「自分の流れで聞く」という逃げない姿勢をもつことがあげられます。

　先にも述べたように、1回のインタビューで聴き取りをしても、対象とする事業者のことは完全に理解できません。なぜなら製造業の製造品、対象市場といった経営環境は、非常にニッチなものも多く、1～2時間のインタビューですべてを理解することは、不可能に近いからなのです。逆にいえば、完全に理解できなくても事業性評価や本業支援はできます。完全に理解するよりは、「どういうストーリーで経営しているのか」という一貫した流れをとらえることを優先させてください。聴きながら、STEP 3で触れたバリューチェーンに落とし込みながら、取引先の付加価値を意識して事業のエコシステム（事業成立を支える生態系）の把握に努めましょう。理解できない専門用語などはストーリー的に関係ないと思えば、無視してもかまいません。ただ、メモ等の記録をとって、違和感を残しつつも、タイミングがきたら、あらためて聞いてみてもよいでしょう。時には、帰ってからインターネットなどで調べなくてはなりません。筆者のようなコンサルタントは立場上質問をしがたいことが多いですが、金融機関担当者であれば、質問に遠慮することはありません。むしろ質問をすることが経営者からは「わが社を理解しようとしている」ということで好意的にみてもらえるはずです。

　もう1つの開き直りである「自分の流れで聞く」についてこれから解説をしていきます。それぞれ自分なりの型はあるかもしれませんが、筆者は図表5－1の流れを心がけるようにしています。

図表5−1　経営者インタビューの流れ

1 壁をみる

ホームページには現れない"関心事"を押さえる

2 業況を聴く：立ち位置の確認

まずは経営者から現況を語っていただく

3 強みを尋ねる：付加価値の確認

準備してきた仮説と現況のギャップを確認し、強みを引き出す

4 課題を尋ねる：改善点の確認

経営の観点で「何をすればよいか」を経営者と共有する

5 宿題をつくる：次につなげる

前向きに進むための継続的な支援を心がける

(1)　壁をみる

　まず、会社の事務所へ入ったら、壁をみてください。金融機関の担当者が、いちばん気になることは競合のカレンダーが貼ってあることかもしれません。しかし、それ以外のことに目を向けていただきたいのです。なぜなら、壁の掲示物は、経営者の意図でみてもらいたいと思って掲げているので、ホームページではわからない関心事が現れているからです。具体的には、特許証を掲げている会社は、技術に自信があると思って間違いありません。また、大手メーカーのサプライヤー認定証などがあれば、その企業との取引が厚いことがわかります。また、税務署から優良申告法人の表彰状などは、真面目な経営を評価されていることを伝えたいという意識からなるものです。こういった掲示内容を、インタビューでの会話の切出しに活用できま

す。少なくとも隠したいと思っていることではないので、率直に聞いてしまってよいでしょう。たとえば、サプライヤーの認定証は、「認定証がありますが、どれぐらいの規模で取引されているのですか」と、大手メーカーとの取引状況を尋ねる切り口として使えます。また、経営者の意図、すなわち、関心事と現状のギャップが存在する場合もあるので、その点も確認したいです。過去の特許証はたくさんあるものの、近年のものがないようであれば、「最近の技術開発についてお聞きしてもよろしいですか」という質問に使うと現状の課題がみえてきます。

　工場などの現場へ行くと、また別の掲示物が気になります。５Ｓ（整理、整頓、清潔、清掃、躾）を促す活動をしているか、工程間の作業指示書がどうか使われているか、それらの詳細はわからなくとも、どんな感じで進めているかがわかれば、どんな経営管理をしているかがわかります。たとえば、５Ｓの標語が掲示されていながらも、その掲示物自体が薄汚れていたら、運用に問題のあることを垣間みることができます。

　壁の確認が終わった後は、本題のインタビューに入ります。流れとしては、事業概況の確認→強みの確認→課題の確認→支援仮説（宿題）の提案、の順で進めていくことになります。

(2)　業況を聴く

　インタビューの最初は、事業概況を尋ねることにあります。多くの中小企業の経営環境は、非常にピンポイントです。強みや課題なども、経営環境を理解したうえでないと説得力に欠けるものになります。たとえば、板金業といっても、板厚19mmの鉄骨建築物の支持金物をつくっている会社と、板厚３mmのロッカーのような什器類を製造している会社では、客先も違っています。同じ板厚３mmだとしても、電源装置などの制御盤をつくっている会社と比較すると商流等の事業周辺の状況はまったく異なります。「板金業」というマクロな市場動向から、それらの違いは決して導き出せません。仕入

図表 5 - 2　事業概況を確認する際のプロット

ア　事業内容と 　　製造品	イ　主要顧客	ウ　拠点	エ　仕入先と 　　その内容
オ　保有設備	カ　人員・体制	キ　販促・広報 　　活動	ク　新事業への 　　取組み

先や客先といった直接的にかかわる（ミクロと言い換えてもよいかもしれません）外部環境が中小企業の経営状況に影響を与えていくからです。そのため聴き取るうえで重視する点は、「仕入先や客先などの周囲とどうかかわっているか」です。ここを聴き取ることで、ミクロな経営環境への理解が進みます。そもそも経営環境が理解されにくいことは、経営者がいちばんよくわかっているので、たとえ時間がかかったとしても、この点をしっかり聴き取っていきたいです。もちろんインタビュー中に相手のようすを感じ取ることは大事で、よほど反応がない場合は話題を変えていくことも必要です（特に事業への思い入れや関与度合いの薄い経営者のなかには、現状を聞かれることを好まない方もいます）。

　事業概況を聴く際のプロットは、図表 5 - 2 のとおりです。

　ただし、機密保持に厳格な企業では、あまり根掘り葉掘り聞かれることを嫌うケースもあるので、あくまで相手主導での質疑応答をしていくべきです。

ア　事業内容と製造品

　製造業では、どんなものをつくっているかを最初に理解すべきです。切削加工という言葉で理解するよりも、どんなかたちのものかをイメージで理解することが先です。より抽象的にいえば、手段より目的を先に理解すべきということに等しいのです。切削加工は手段であり、まず（目的に相当する）製造品がどんなものかを理解してなくてはなりません。トップライン支援をする場合などに、この会社に何を頼めるのかを判断する材料となるからで

す。聴き取りのポイントは、以下のとおりです。

① どんな大きさのものか（縦、横、高さなど）
② どんな材料を使っているか
③ どうやってつくっているか（工法）
④ どの部分まで対応しているか（対応している工程）

　①については、とにかく“見た目”を重視してください。受託加工型の会社では、客先の製品の一部を加工しているため機密保持の観点で、ホームページなどで自信のある製品を公開できないことが少なくありません。そのため企業訪問して、どんなものをつくっているかをしっかりその目に焼き付けることが、マッチングによるトップライン支援などで非常に有効な情報となります。

　②については、STEP 4 で解説した基本的材料を押さえておいたうえで把握しましょう。材料による硬さや溶接性などの違いが、加工の可否判断につながります。この点も事業性に影響を与える要素ですので、理解しておきたい点です。

　③については、STEP 4 で解説したように工法と量産性の関係もふまえつつ、理解したい項目です。

　④については、どの程度の広がりをもった事業範囲を設定しているかを確認するのが目的となります。その点で重要な見方は、STEP 3 でも解説したように、仕入先や客先との関係です。まずは、取引先にとっての仕入先や客先などへの染み出しの展開を確認したいところです。

　たとえば、受託加工型の事業を展開している取引先では、その事業範囲が「客先から図面を受領して加工をする製造事業のみ」なのか、それとも、支援活動へ染み出して「客先の漠然とした構想からスケッチを起こし、設計→製造へと一貫対応」なのかを把握するためインタビューで聞き込んでいくことが求められます。さらには、設計提案力を生かして、顧客になりかわって自社からVA提案をしているというような、客先により深く入り込んでいくタイプの取引先もあります。

また、川下の展開の一部として、検査や配送などのサービス対応の確認も必要です。客先に専用便を立てて、材料を引き取って、加工して返すことが付加価値となっている会社もあります。また、校正（計測器の検定）された検査機により、（材料の伸びを引き起こさないよう）室温の安定した環境で製品検査をして、検査成績書を出すことで客先からの評価を得ている会社も多くあります。実際に④を把握するには、現在の業務内容から仕入先や客先との関係を聴きつつ、取引先に対して「仕入先や客先にかわって行える仕事はあるのか」という意図で質問を投げかけてあげるとよいでしょう。

イ　主要顧客

　インタビューでは、まず売上高の多い順に顧客をリストアップしてもらうようにしましょう。その聴き込みの過程で、ここ数年で売上の増減のある取引先が見つかれば、掘り下げて確認したいものです。そのような増減は、客先から評価されているポイントが変わってきているために生じていることが多いからです。

　直接取引か商社を経由しているかも重要です。商社に付加価値を譲っている製造業は少なくありません。提案力や対応力があり十分にユーザーと直接取引ができるような取引先が、商社経由の売上比重が高いようであれば、直接取引できる新規顧客をマッチングすれば利益率を高められるでしょう。そのためにも、メリットを感じさせるインタビューの仕方を心がけたいものです。「A製品の既存顧客はどういう層で、御社の技術のどういうところが評価されているのか。似たような取引先があれば、紹介してみたいと考えているので、教えてほしい」という聴き方は、相手からの抵抗感も少ないと思われます。

ウ　拠　　点

　アで確認した製造品や工程をどの拠点で対応しているかを聴きます。顧客へ納品するための物流や、取引先の強みがどの工場で築き上げられているの

かを理解しましょう。セットメーカーが（部品の）在庫保管場所に困っているようなら、部品メーカーに保管機能を期待することも少なくありません。そのような場合に、近隣にあり、定期の配送便を出すことをアピールして、セットメーカーとの関係性を強めている部品メーカーもあります。客側から便を出すか、部品メーカーで便を立てるかで、配送の重要度が変わるので、インタビューして確認したいものです。

　複数の拠点に分かれている場合、拠点間の管理や設備配分、人員配置などに苦労しており、大きな事業課題となっていることもあります。事業所の統合なども選択肢として、実情にあったアドバイスができると望ましいです。そのアドバイスにより、移転や工場建設に伴う具体的な資金需要を掘り起こし、融資につなげることができます。

エ　仕入先とその内容

　受託加工形態の取引先には、「原材料を自社調達（自達）しているか、もしくは、客先から支給されているか」を確認しましょう。いうまでもないことですが、自達か支給かで粗利率が大きく変わります。それに加え、調達プロセスにおける付加価値がどのぐらい確保されているかを知らなくてはなりません。自達であれば、原材料の入手力が客先からの評価ポイントになっている場合もあります。材料に起因する不良が発生しやすい場合は（客先の製造工程での歩留まりにも影響を与えてしまうため）、その管理力が求められます。こういった場合、調達管理力もあるかを尋ねてみましょう。

オ　保有設備

　零細の製造業であっても、大多数が工作機械などの設備を複数台使い分けて製造していると思います。そのため各取引先で保有設備をどのように使い分けているかを確認したいものです。単独で使うのか、それとも数台を連係させて使うのか、設備それぞれの役割と全体の流れを聴き込んでいきながら、稼働状況を把握しましょう。そうすることで、お金を生んでいる設備と

そうでない設備を把握できるはずです。逆に、稼働状況がひっ迫している設備には、今後の追加設備投資が必要となる可能性があります。工程の流れを確認しながら、製造数の制約となっているボトルネック工程を把握し、今後どんな設備が必要かを想定しておく視点も大切です。設備を個々に理解しようとしても、専門用語がむずかしく頭に入ってきにくいこともありますが、工程の流れに沿って「どのような順番でどういう工程で使う設備か」ということを意識して理解すれば覚えやすくなります。

　今後、投資が必要となりそうな設備については、平均価格をヒアリングしたり、調べたりしておきましょう。更新周期を考えて、納期も含めて把握しておくと、次の資金需要がどの程度、いつ頃のタイミングになるのかが推測でき、早めの手当ができます。もっておきたい視点は、「その設備が本当に必要か」ということです。特に現場あがりの技術重視の経営者だと、「設備がないとつくれない」という意識が強いこともあります。品質維持のために導入したほうがよいと考えても、受注数量を尋ねると意外と少なく、償却がむずかしい場合も少なくありません。外注費は数字上目立ちますが、（非支出費用である）減価償却費は直感的に理解しにくいことから、そういった判断になるのでしょう。

　しかし、設備の稼働率が上がらず、投資回収できなければ確実に経営をむしばみます。そこで新規設備投資の話が出た場合に、金融機関担当者は、総合的に内製化メリットの有無をよく聴き取り、投資回収の見込みをつけておきたいものです。受注見通しや投資額の検証も含めて、ていねいに話を聞くことが大事です。

　忙しい経営者には設備の細かいことを聞きにくいということであれば、従業員に質問してみるとよいでしょう。また、部外者に質問されることで従業員が自社の仕事の意味を再認識できることを喜ぶ経営者は多く、仕事の邪魔にならない範囲で、やさしそうな従業員を見つけて質問するとよいかもしれません。

カ　人員・体制

　ホームページや会社案内では、仕事を請けるために幅広く業務範囲を書くものの、実際は外注して対応しているケースも少なくありません。取引先の業務の実態や対応範囲を知るために、人数や対応部門を確認すべきです。また、正社員と、パートタイマーやアルバイトなどとの比率も押さえておきたい点です。製造部門はどの会社にもありますが、営業、設計、開発、品質管理などはあえて部門として独立させていない会社も多く、部門として設けていなくも、業務として何人が対応しているかを聴き込んでいきます。バリューチェーンと対応させて、出している付加価値に対して適当な人数を充てられているかを確認しましょう。なかには1人のスーパーマンのような従業員がいて、その人だけが会社のコアとなる価値創出を担っているケースもあります。そういう場合は、その人の処遇が十分なものとなっているか、また、技術や技能の承継を進めているかも確認しておきましょう。

　取引先の創出している付加価値を知るには、1人当りの売上高が重要な指標となります。2016年版の中小企業白書によれば、中小製造業の従業者1人当りの売上高の平均は、3,200万円となっています。また、売上高の分布をみると、1人当りの売上高が1,000万〜3,500万円の範囲に全体の71.6%に入っています。原価率が異なるので一概にはいえないのですが、受託加工の製造業などでは、だいたい1人当り1,000万〜2,000万円ぐらいの売上高の会社が多いのではないでしょうか。ソフト会社や組立てなどでは700万円ぐらいからの会社もあります。材料の自達／支給、外注費の比率、減価償却費などを考慮して、どれぐらいの付加価値がとれているかをみていきましょう。同業との比較も理解のためには有効です。また、装置製造会社などでは、設計の対応人員を把握しておくと売上の上限が推測できます。機械設計、電気のハード設計、ソフト設計のそれぞれに何人程度で対応しているかを聴き取っていきましょう。目安として、1,000万円程度の制御装置では、数カ月の期間に機械設計で2人、電気のハード＋ソフト設計で1〜2人はかかって

いることが多いです（もちろんこれ以上になるものやこれ以下のものもあります）。そうすると1年間（12カ月）の間に対応できる案件数には限りが出てきます。それぞれ、どの程度の工数がかかるかを質問しておきましょう。そこで外注化やツールの活用などにより設計効率向上する手段があれば、売上をあげられる余地が出てきます。そういったツール導入のアドバイスをして、融資のニーズをとらえていくことができます。人員や体制を深掘りすることで、出している付加価値とのギャップが把握でき、それを補っていくための資金ニーズにつながっていくのです。

キ　販促・広報活動

中小製造業の多くが不得意とするところが営業や販促・広報活動です。しかし、トップラインをあげるため、特に新規顧客開拓を進めるためには、避けては通れないところです。まずは、営業をどう進めているかを聴き込んでいきましょう。対面の営業などのプッシュ型が効果的なのか、それとも展示会やホームページなどのプル型が効果的なのかを知りたいところです。ただ、最近は、大企業などで飛び込み営業へのガードが堅くなっていることから、新規開拓でのプッシュ型が少なくなってきており、自社の強みを先鋭化させてプル型で営業することが効率的であるように思えます。製造の海外移転や仕入先の廃業などで国内のサプライチェーンに穴があき、小回りの利く部品製造会社を探している大企業も少なくありません。そういった場合、近隣のものづくりネットワークを失ってしまったため、あらためてホームページ経由で探索することが多いのです。

そこで現状、展示会やホームページでの引合いがどの程度あるかを確認しましょう。「取引先の製作物ばかりなので、機密保持上ホームページをつくっていない」という会社もありますが、売上が芳しくなかったり、今後の先行きが不透明だったりするようなら、手をこまねいている場合ではありません。まず、ホームページを開設しましょう。そして自社の強みを表すサンプルを製作してホームページに掲げることをアドバイスしていただきたいの

です。また、展示会に出展している取引先では、その種類、頻度、配布物、展示内容、フォロー活動、効果（集客数、成約数）などを展示会の選定、展示内容の選定、フォロー活動の良否の効果に基づいて確認しましょう。効果検証に加え、費用対効果の高いPR方法や展示会の知識が増えることで自分たちの支援ノウハウを築くこともできます。

ク　新事業への取組み

キでは、既存の取組みに対する売上増加策を確認しましたが、今後の新しい事業の柱をつくる取組みをしているかも聴き取りましょう。将来の事業の柱を確立しようとしているか、それとも現状維持なのか、経営者のスタンスを確認しましょう。ここで聴き取ったことが、今後の方向性を考えるうえでの出発点になります。支援サイドから「海外展開しましょう」とか「ネット販売事業に進出しましょう」というお仕着せの方向性をぶつけるのではなく、取引先経営者の思いを汲み取って、同じ目線で寄り添いながら今後の方向性を一緒に考えるスタンスで進めるためにも、まずは現状の聴き取りは外せないでしょう。

(3)　強みを尋ねる

事業概況が聴き取れて、仕事の流れが理解できたら、次は強みを深掘りしていきます。事業概況からある程度の仮説を立てて、強みを引き出すように心がけましょう。また、インタビューの過程で、他社訪問時にあまり聞いたことのない事項などが出てくれば、それが強みに直結していることも少なくないので注意しておきましょう。たとえば、「近隣では、当社にしかないレーザー加工設備で、材料切断だけを同業から依頼されることが多い」といわれれば、その設備が仕事上の強みとなっているはずです。

強みを尋ねるときは、製品の強みそのものを表すキーワードだけでなく、「どうやって強みを生かしているか」ということ、および、「製品面以外に

サービス面の強みもあるか」「強みがどういうふうに伝えられているか」についても確認しましょう。強みは、取引先が有する技術や製造のポテンシャルだけではなく、発揮の仕方にも依存しているからです。ニュアンスが少しわかりにくいかもしれないので、もう少し具体的に説明していきます。

ア　技術・製造の強みの生かし方

製造業の事業性を評価する際は、まず技術に焦点が当てられることが多いことは疑うべくもありません。たしかに技術力のある会社のほうが、技術力のない会社より選ばれやすいのは事実です。しかし、いくら技術力があっても顧客の要求価格を満たさなければ、仕事は受注できず売上は立ちません。

これは当たり前のことですが、問題は技術力とコストのトレードオフを定量化しがたいことにあります。直感的には、同じ金属加工業でも、最新の工作機械に設備投資をしている会社と償却がほぼ終わっている古い設備を使って対応する会社では、同じ見積内容でも価格の差異が現れてきます。前者では設備の償却コストが大きく付加されますが、段取りや加工時間が短いことにより、償却コストによる増分を人件費低減でまかなえるのであれば見積りは安くなります。償却コストと人件費のバランスは、依頼される案件ごとに異なるため簡単には表現できません。

換言すれば、客先の要求する機能を満たしながら、費用を低く抑えて製造することが、製造業に求められる技術力なのです。その点で、「絶対的な技術力」の尺度とは異なり、「自社にあう技術」という尺度であり、具体的な案件ベースでみえてこないことが多いのです。非常にあいまいな表現ですが、「その会社にあう仕事」をとれているかが売上および利益を高めるポイントなのです。取引先の目線では、自社の設備や自社で工夫した治具などを活用して慣れている仕事を明確にして、サンプルなどでアピールすることが強みを伝えるために重要となります。

また、支援者の目線では、前節に示した「製造品の見た目」と「保有設備」を把握して、あう仕事であるかを判断する力が必要になります。最近

は、発注する顧客側も仕入先の経営資源をみずに価格だけで交渉していることが多く、STEP 8で解説するマッチングの場面などで、仲介者がこの点を補わなくてはいけないことも多々あります。そのためにも金額や寸法の規模感、対応する材料や工程は押さえておきたい項目です。対応方針として、便利屋的に小回りを利かせられるところが強みになっているのか、それとも、ある特定範囲の仕事を専業的にするところが強みになっているのかを確認しましょう。

イ　提供するサービス

製品だけでなく、それに付随して提供しているサービスも大きな強みとなりますので、サービスの理解は大切です。サービスは狭い意味でとらえずに、広い意味でとらえていきましょう。具体的に製造業における広い意味のサービスとして、①設計、②各種指令・認証、規格への対応、③検査（保証書の発行を含む）、④物流などがあげられます。

①の設計が必要な場面は、顧客に「こんなものをつくりたい」という構想があるものの具体的な形状を決められないようなときです。顧客側が研究開発の担当者などで製造や試作の依頼をしたことがなく、仕様書をつくれないケースも多くみられます。こういった場合は、顧客の構想を聴き取って、図面や仕様書に表していくところから対応し、その後の量産品の製造までを意識した設計機能が求められることとなります。「つくりたい」という顧客の言葉には、設計費など付随するコストを意識していないことも多々ありますので、注意が必要です（この点は、STEP 8で詳しく解説します）。客先に設計費として確保してもらうか、設計費を量産品に配賦して量産の売上で取り戻すかということは、インタビューでも把握しておきたいところです。なかには、設計費を回収する習慣がないまま、サービスし過ぎる中小製造業も少なくありません。強みであるのならば、付加価値として顧客に認められるべきですので、顧客との交渉についてアドバイスはしてもよいでしょう。

②の指令・認証、規格については、昨今の環境意識の高まりから、RoHS

（特定有害物質の使用制限）指令等への対応が製造業界全体に求められています。セットメーカーの要請で、部品メーカーが「使用材料に人体に有害な物質を含まないか」という情報を提供するケースも多々みられます。また、品質に対する規格への対応も求められることがあります。航空宇宙分野や医療分野では、製品供給にあたって一定の品質を保持するためのマネジメントに基づいているかを示す認証の取得が、仕事の受注の条件となっていることがあります。品質や環境のマネジメントシステムであるISOは取得している企業も多いのですが、毎年の監査対応など維持費がかかります。そのため、客先からの要求がない場合は、コスト合理性を検討し、ISOを放棄する会社も出てきているが現状です。これも顧客要求次第なので、費用対効果に鑑みながら、認証対応状況を確認しましょう。

③の検査については、どの程度のレベル（＝工数をかけて対応するか）で顧客要求を満たすかがポイントとなります。大きくは2つの観点があり、1つは内容で、もう1つは対応数量です。内容については、加工品の寸法などの保証書添付が求められるのか、それとも目視等でよいのかということです。対応数量については、全数検査なのか、（数個あたりに1個実施する）抜き取り検査なのかということです。それぞれ、客先からどの程度の要求があるかを確認しておきましょう。検査に手間をかけることに加え、検査環境も大事な要素です。検査時の製品の熱膨張を防ぐために、検査室の環境すなわち温度管理を厳密にしている会社もあります。空気中に舞うゴミ等の混入を防ごうとすれば、クリーンルームなどが必要です。こういう対応がコストアップの要因になるものの、逆に仕事を呼び込める理由にもなっていることがあり、その点を聴き取っておきましょう。

④の物流については、大きな付加価値となっている場合もあります。ポイントは、製品品質を保持することと物流の頻度となります。これらを考慮して、顧客との間に専用便を仕立てたりすることが顧客から評価されていることも少なくありません。品質保持の観点からは、輸送時の振動などによる製品のキズ発生や破損などの防止を厳格に求めてくる客先もあります。そのた

めに、独自の工夫をした専用の通い箱を活用するサービスをしたことで、客先での入荷検査の不良率の低減に貢献し、評価を高めている企業もあります。こういう「かゆいところに手が届く」サービスで顧客に貢献することが、強みになります。

ウ　商流を経由した強みの伝わり方

商流では、既存の顧客および商社の確認をしましょう。既存顧客については、どういう購買状況なのかを知っておきたいところです。客先のなかでも大企業では、集中購買を進めることでコストダウンをねらい、新規取引先などを広げない方針をとっている会社も多くあります。そのため大企業に口座をもつことがむずかしくなり、それ自体が強みになることもあります。その点で既存商流は大事になります。と同時に、取引を維持できないほどに枯らせてしまうことはもったいないのです。取引先の出している付加価値を見直して、クロスセル（関連製品との組合せ販売）やアップセル（より単価の高い製品の販売）の可能性を検討する支援は有効です。経営の安定化を考えると、顧客の業界の分散度は把握しておきたい項目です。単一の業界に依存し過ぎると景気変動の波をまともに被ることになるので、しっかりとした顧客ポートフォリオが組まれているかをみていきましょう。

一方、商社については、経由した取引があるかどうかを確認します。商社経由の場合は、商社との補完関係、すなわち付加価値の分担が良好にできているかがポイントです。特に製造業の事業規模に応じた細やかな対応を商社ができているかが、売上確保のためには必須要件です。付加価値を生んでいない商社との取引は、条件を見直したり、ほかを開拓したりするように促していくのが支援サイドですべきアドバイスだと思われます。

(4)　課題を尋ねる

現状確認した後は、課題を尋ねます。現状、解決しなくてはならないこと

の把握はもちろんですが、今後の取組みの方向をふまえたうえで、目指すべき将来像に向けて、現状とのギャップも知る必要があります。

ただ、課題というのは、そこかしこにあるやっかいなものです。製品ライフサイクルが短くなったり、景気動向の不透明感がぬぐえなかったりする昨今、「課題がない」と言い切れる取引先はないでしょう。ひとたび「課題は何ですか」という質問をすれば、人材・資金・技術力など、多岐にわたった悩みがあがってくることでしょう。料理にたとえれば、目の前のまな板にたくさんの食材が並べられてしまうと、かえって「何を料理してよいのか」と考え込んでしまうのと同じく、支援者が多岐にわたった悩みを前に「何に対処すべきか」と判断することはむずかしいでしょう。専門にやっている事業者が解決できないものを部外者がすべて解決できるわけではありません。支援者は、あまり身構えずに「できることだけをやる」スタンスで臨みましょう。

取引先の悩みは、漠然とした問題意識レベル——「何か新しいことをしなくては……」というレベル——にしかないことも少なくありません。特にほかの企業との付き合いが少なかったり、支援者とかかわってきた経験の少なかったりする取引先であれば、1人で悩むループに陥ってしまい、この傾向は顕著です。そのため部外者の目を入れて、感想やコメントを入れるだけでも価値を感じてもらえることもあります。

さらに効果的なのは、課題に"絞り"を入れることです。わかりやすくいえば、大きな問題意識を小さな課題にブレイクダウンしていくことです。漠然とした問題意識（次の事業の柱をつくりたいなどというイメージ）の範疇にはありながらも、真正面にすべてを受け止めるのではなく、小さく切り出して実行可能な課題を設定することです。

ここで支援者に求められるのが、漠然とした大きなレベルの"問題"意識をしっかりヒアリングし整理して、解決可能なレベルで"課題化"する手引です。たとえば、「1社依存で先行き不安があり、次の事業の柱をつくらないといけない」という問題意識があるならば、「会社全体の事業計画をつく

りましょう」というよりは、小さく進められることを進言しましょう。「いま、どんなところが評価されているかわからないという課題があるので、ホームページを更新して、アクセス解析してみましょう」とか、「小口客向けには忙しくて対応できていなかったので、営業支援システムを導入しましょう」といったレベルの提案ができると望ましいです。目線が低過ぎると感じる方もいるかもしれませんが、小さな課題を解決していくことでスッキリした感じをもってもらうことと、（悩みの状態で足踏みしていたのが）動き出すとみえてくるものが変わり、問題そのものの輪郭がみえてくることもあります。「悩んでも答えの出ないことは、まず動いてみる」という考え方です。支援者は、自分の有するネットワークを使って、STEP 8のビジネスマッチングなどで気づきを与えられるようだと有効です。

　具体的な課題の切り出し方ですが、五月雨式にならないように少し整理したほうがよいでしょう。ここでは経営支援の観点から、売上、費用、利益モデルの視点で整理をしたいと思います。製造業も、ゴーイングコンサーンの原則にのっとった事業者の一形態であるので、どんな課題であっても経営成績を向上させ事業継続することに収れんしていくはずです。よって、技術うんぬんの細かい話はさておき、金融機関の得意とするカテゴリーで課題を切り出していけばよいのです。すなわち、経営成績を向上させる前提で、売上を向上させるか、費用を低減させるか、利益を創出するモデルを変えるかの3種類に課題は整理・分類されるはずです。

① 売　　上

　売上面の課題は、(i)顧客属性別の売上動向、(ii)顧客個々の売上額の動向をポイントにしながら聴いていきましょう。(i)は、既存顧客と新規顧客にまず分けていくとよいでしょう。既存顧客の売上が落ちているのか、新規顧客の開拓ができていないのかを整理しながらインタビューしましょう。同じ既存顧客でも1社だけ落ちていることなどがあれば、3Cのフレームワークで深掘りして、顧客の売上が伸びないのか、競合が攻勢をかけてきているのか、自社の品質が落ちているのかなど質問していきましょう。そこが整理されれ

ば、(ii)として、気になる顧客の売上状況を確認します。「売上額＝単価×数量」で整理すると、単価が上げられないのか、数量が伸びないのかという視点で聴き込んでいきましょう。

② 費　用

費用面の課題は、(i)変動費、(ii)固定費の2点に分けて整理してみましょう。(i)の変動費であれば、材料や燃料などの原価が高いのか、製造工程の作業者の入替えが多く、習熟度が上がらずに残業代が増えていたりするのか、原材料費や人件費といった大まかな費目別に確認していきましょう（あまり細かい科目にこだわらず、ざっくりとつかんでいきましょう）。(ii)の固定費であれば、稼働していない場所の賃料を支払っていないか、専門誌などに掲載している広告費が圧迫しているのかなどと聞いていくこととなります。長年の惰性で継続している費用などは、外部の目で必要性について認識を改めるよう促していくことが有効です。

③ 利益創出モデル

利益創出モデルについては、①や②と異なり、数とか単価のような要素で単純化することがむずかしいという特徴があります。「材料は自達か／支給か」といったさまざまな選択肢の組合せで利益創出モデルは変わるので、まず、(2)の業況インタビュー結果から導き出したバリューチェーンを取引先と共有してみましょう。それを基に、「仮に材料を支給してもらったら利益はもっと出ますか」というような仮定を提示して、利益の出方を取引先と確認し、課題を抽出する作業をしてみましょう。販路を変えたり、製造事業とサービス事業とのバランスを変えたりしたら、どうなるかをシミュレーションして、変動費と固定費の比率を頭のなかで描き、利益の変化をイメージしましょう。もちろん深掘りも必要です。たとえば、サービス事業では保守費用のとり方など具体的に聴き込んでいくことは必要です。

現状把握の最後に課題整理をする過程で、「依頼されると、うれしい仕事」について確認しましょう。STEP 8 で説明するマッチングなどで商談の機会をつくるときに、気持ちよく席についていただくためにも、求めている

仕事を把握できていると話をもっていきやすいからです。

(5)　宿題をつくる

　(4)までで、当日可能な現状の情報収集は終わります。ただ、支援の観点では継続性をもたせるために、「次回訪問につなげること」が必要です。そのため、ここまでのインタビュー結果を頭のなかで整理しながら、「提案事項」をつくっていかなくてはなりません。直接的には、(4)の課題に充てた解決策の案を提示して、反応をみることがよいでしょう。解決可能なかたちに切り出した課題をふまえた提案をしてみましょう。まずは、訪問の最後に提案事項を簡潔にまとめて、今後のアクションを読み上げましょう。

　［訪問の最後にまとめる提案事項の例］
　・イベントの案内を送る
　・補助金等の制度情報を見繕って提示する
　・専門家を紹介する
　・公的試験機関などを紹介する
　・当社の製品資料を金融機関の別の取引先に送って反応をみる
　・メディアへ情報提供する
　・PR資料やホームページを一緒につくっていく

　あらかじめ用意した情報をすべて提示して帰ってきてもよいのですが、1時間程度の訪問で情報量がかなり多いため、取引先側も結構混乱してしまうかもしれません。大勢で押しかけると名前さえ覚えてもらえないこともよくあります。そのため提案事項の次のステップとしては、宿題として、一度持ち帰り整理してダイジェスト版をあらためてメールで送ったり、次回訪問で提示したりすることが望ましいです。単発で終わらせないことで、訪問相手も支援者である自分の名前を覚えてくれますし、「どんなことをやってもら

えるか」というイメージが形成されてきます。

　本業支援の提案は、相互に信頼関係が形成されていなければ、100％受け入れられるわけではありません。本業支援には、事業者と支援者のWIN－WINの関係を築けるかが重要な土台になるので、宿題をやりとりして反応をみながら、お互いの間合いをつかんでいきましょう。取引先側のやる気や機動力が大事であるので、提示した宿題に対しての反応（すぐ動くか、熟慮して体制を整えてから進めるか、返事もしないか）により、一緒に伴走できる相手かを確認するぐらいの気持ちでやりとりをしてみましょう。すぐには判断がつかないので、少なくともメールも含めて、2～3回ぐらいはやりとりして相手を見極めます。

　宿題は、取引先側が検討して返事をするものと支援者側が検討して返事をするものがあります。無難なものは、情報提供などで訪問当日に提供した情報をいったん整理して、見出しをつけてメールであらためて関係者を含めて送信するものです。参考となるメールの例を以下に示します。

　　　　＝＝＝＝＝＝

　　本日は、ありがとうございました。

　　貴社オリジナルの独創的な機械や治具と熟練の職人技で臨機応変にご対応されているところが強みとわかりました。

　　あらためて、その強みを強化・伝達できる役割を当行としても担えればと考えております。

　　ところで訪問時に情報提供させていただいた人材採用およびイベント、補助金について、あらためて内容を整理させていただきます。

【人材確保の件】

○○県立職業技術校　http://www.×××.jp/

　先ほど同校に連絡しましたが、ご担当者が不在でしたので明日、貴社から以下の担当者にお電話していただけますでしょうか。

（担当：▲▲様　電話　※※－※※※※－※※※※）

お電話に出られた方のお話ですと、一度学校に来ていただければ、訓練の見学とよい人材がいれば直接話をすることもできるようです。

【イベント】

○○知的財産交流会　■月◆日13時より　　◇◇会館にて

　大手企業の開放特許のシーズのご紹介です。過去に成約された企業のパネルディスカッションもありますので、雰囲気を感じ取っていただけると思います。事務局に確認したところ、まだ大手との面談に空きはあるようなので、ご興味あればご連絡ください。シーズ活用の手引は、当行でも対応可能です。

【補助金】

　お話の中でご紹介しました「▼▼ものづくり補助金」の追加情報です。

　先日、１次募集が締め切られましたが、今後、追加公募がありそうです。情報が入りましたら、あらためて提供しますが、ご参考のため１次公募の要領等もご確認ください。

http://www.*******.jp/

　申請される場合は、サポートいたしますので、お知らせください

＝＝＝＝＝＝

　上記をみてもわかりますが、単なる情報提供に終わらせないようにすることは大切です。あらかじめイベント事務局や関連期間に話を通したり、確認したりしておくと、慣れていない取引先の行動する際の心理的なハードルを下げます。「少しおせっかい」するぐらいの気持ちで、ひと手間を惜しまないことが、その後の信頼関係につながり、頼られる存在になっていくのです。

　本項の最後に、企業訪問を起点とした支援事例を紹介して、どんな流れで進めていけばよいかについて、イメージしていただきたいと思います。ここで大事なのは、支援の仮説づくりです。

■ある測定装置メーカーの事例■

　支援者であるコーディネータは、金融機関からの要請で同行して、初めてＡ社を訪問しました。Ａ社では、ある測定装置を開発・製造していました。もともと受託加工型の組立会社でしたが、顧客のニーズを先回りして自社開発した製品がヒットして、数年前にメーカーに転換しました。

　まず、強みを尋ねたところ、性能はともかく、機械分野と電気分野の技術者の連携力ということがわかりました。それにより、顧客のニーズをかたちにした、使い勝手がよくコストパフォーマンスに優れた製品群をつくりだしてきていました。手堅い経営をしていたＡ社は、このままでも金融機関にとってはよい取引先であったと思います。しかし、支援者はおせっかい精神で、もう少し突っ込んで課題を聞いてみました。そうすると経営者は、この主力製品のコストパフォーマンスの高さから、もっと売れてもよいと思っていることがわかりました。課題としてあげたのは、後発メーカーであり、かつ、競合である大手と比較してブランドがユーザーに訴求していなかったことと、新規顧客開拓が伸びないことの２つでした。

　もう少しバリューチェーンに沿って聴き込んでいくと、展示会などには出て、業界で認知される努力はされていることもわかりました。また、商社を活用するには、説明のむずかしい製品であることもわかりました。しかし、広告宣伝などブランドを上げていくための特筆すべき取組みなどはみられませんでした。そこで、支援者は、Ａ社への支援の方向性を見立てました。まずは、ブランドを高める施策を打つこと、そして、競合への差別化要素をもたせるための製品開発を進めることが課題解決には必要と考えました。

　そこで、１つ宿題をつくりました。ブランド強化のためには、広く広告を打つという方法もあったのですが、少し違う切り口として、自治体で公募している地域の工業製品のブランド認定制度の情報を翌日提供しました。すると誠実に対応するＡ社長は、すぐ申請の意思表示をしてくれました。継続して申請書作成を支援したところ、無事ブランド認定を受けることができまし

た。いままで社外からのお墨付きなどには縁がなかったので、取引先に自信をもってアピールするようになりました。続けて、製品ラインナップが増えたときなどには、専門紙等のメディア取材をつなぎました。この支援の過程で、特に格段に知名度が強化されたわけではありませんが、Ａ社自身が（限られた取引先にとらわれずに）外へ出ていく意識が強まっていったように思います。また、支援者とのやりとりが出てきて、情報交換も頻繁になりました。

　ある時、大企業から紹介された開放特許情報がＡ社の事業領域に近かったため、軽い気持ちで情報提供しました。そうしたところ、「それを活用して次世代製品を開発したい」とＡ社長は希望しました。長い開発期間がかかりましたが、その間、必要な技術開発補助金の制度情報の提供と支援をして、数年かけて開発に成功しました。この間、大企業の協力も得ながら、技術力をアップさせ、さらに外へ出ていく自信が強化されたように思います。

　なかなか情報交換の頻度が増やせないコーディネータにかわって、訪問回数の多かった金融機関は、こまめな情報提供や進捗確認で支援に貢献してくれました。このように連携して支援したことで、相乗効果が高まり、成果も大きくなりました。自社へのメディア取材、大企業とのやりとりなどで自信をつけた従業員のモチベーションはあがりました。それが何より社員を大事にする経営者にはうれしかったようです。もちろん金融機関へのリターンもありました。売上が拡大したことによる運転資金需要、人員増加や社屋移転などの新しい資金需要をしっかりとらえられたことで、WIN−WINの関係ができてきました。

　このように手間はかかりますが、取引先のトップラインを向上させられ、結果として融資はついてくるものと思えます。何よりも融資の裏側にある、成長の仮説をつくり伴走支援したことによる信頼関係が強固であることが、地域金融機関にとって非常に大事なことであると筆者は思います。

2 インタビューのツール

(1) インタビューシート

　図表5－3に、前節のインタビューの流れをふまえたインタビューシートのひな型を掲げたので参考にして、実践してみてください。その場の雰囲気に沿って進め、1回で全部を埋める必要はありません。経営者のタイプにもよるので、徐々に間合いを測りながら、何回かで完成させるイメージで進めて問題ありません。

(2) インタビューのアジェンダ

　先にも述べましたが、複数名で新規訪問すると、全員の顔と名前を覚えるのは、経営者にとっては困難なことです。そこで仕切り役や窓口役を決めておくことも大事です。また、専門家などと同行するときは特に注意が必要です。専門家が会話の主導権を握ってしまうと窓口役の印象が残らなくなるおそれがあります。それでうまくいけばよいのですが、伴走をしていくなかで専門家の関与する部分は、一部分かもしれません。やはりこれから表出してくるさまざまな課題にタイムリーに対応するためにも、金融機関担当者が前面に出ることが必須です。経営者と専門家の話があえばよいですが、人間なので互いの相性もあります。あわないと思ったときに交代できるようにあくまで主導権は金融機関が握っておくことが望ましいのです。

　しかし、専門家を差し置いて進めるのは、担当者として気が引けることもあります。そこでお勧めしたいのが、面談時に図表5－4のようなアジェンダ（議題）を作成し、面談参加者に提示することです。これにより、専門家

や支援機関などさまざまな支援者が同行しても、主導権がアジェンダを作成した担当者にあることを意識づけられ、情報もしっかり流れてくるようになります。アジェンダといっても詳細なものは、必要ありません。担当者の名前とだいたいの流れがわかって、面談の最後に「締め」の言葉を述べて、次へのアクションが決められれば問題ありません。

図表 5 − 3　インタビューシートの例

年　月　日
（記）

_____ インタビューシート（表面）

[一般事項]
・売上高　　　　　　円　・社員数　　　人→　1人当り売上高　　　　円

・主要事業
（業種）

・事業内容

・主要顧客
（経緯や
割合を含む）

・事業
パートナー

[事業分析]

1．売上　平均単価　　　　　×数量　　　　　単位も明記

2．変動費　概算原価率　　　％　仕入れの特徴

3．固定費　人件費現状
不足／余剰
年齢層など

品質維持の
取組

4．利益　現状利益率　　　％

分析結果
仮説と比較

138

———————————— インタビューシート（裏面）

[会社分析]
1. 強み　　差別化力

立ち位置

強みが活
きる仕事
（うれしい
仕事）

2. 課題
（弱み）

3. 外部環境
顧客・競合
の動向

4. 会社の
考える
今後の計画
投資等

[支援仮説]

図表5－4　企業訪問時のアジェンダの例

本日の内容

　　　　　　　　　　　○○信用金庫
　　　　　　　　　　　◇◇支店　△△

　1．会社紹介

　2．契約書に関する質疑
　　・ライセンス契約の注意点
　　・対価の算定方法

　3．今後の進め方

本業支援の方向性の見立て

　前章では、訪問インタビューで事業性の把握ができたところまで進みました。その後は、把握した強みを生かしたり、弱みを消したりする方向を取引先と共有することになります。損益分岐をあらためて考えて、バリューチェーンのなかで、取引先がどういう立ち位置で事業をしているかを分析します。そのうえで、新製品開発、サービス強化など付加価値を高められる方向性を学習します。取引先を強めていく方向性を選択する際に活用可能な、数種類のパターンをご紹介します。

　Aさんは、初めての企業訪問を何とか乗り切りました。同行した支店長からも「社長が生き生きしゃべってくれてよかったよ。自分も初めて聞けたことが多かったし」というお褒めの言葉をもらうことができました。訪問終了後は、社長も快く送り出してくれ、「また、来てよ」といってくれました。支店に帰ってから、Aさんは思いました。「次は、何をネタに訪問すればよいのだろう」

　話を聴くことはできても、取引先への提案のハードルは高いのではないでしょうか。金融機関であれば融資や金融商品の提案ならばお手のものでしょうが、そういった"下心"が出てしまい押売りをすると、信頼関係にはつながりません。まずは、顧客本位に考えて、取引先の事業を強くする支援に専心しなくてはなりません。相当なプレッシャーを感じるかと思いますが、支援の過程では、担当者1人で抱え込み、責任を負い過ぎることはありません。まずは、STEP5で示したように小さな成果からつくることが大事です。しかし、継続的な信頼関係を築くために、並行して今後の方向性を一緒につくりこんでいくことも進めたいものです。率直に取引先と対話して、方向性を模索していけばよいのです。ただ、方向性を策定するには、道しるべとなるパターンは知っておいたほうがよいでしょう。そこで、本章では、事業方向性のパターンをいくつか紹介します。

　方向性を定めるためには、まず取引先の環境分析が必要です。環境分析にも2種類あり、会社の内部分析と外部分析をすることとなります。内部は、主に財務的な分析や取引先の保有する経営資源の分析になります。一方で、外部分析は、取引先を取り巻く客先、競合などとの関係性やそれらに対するビジネスモデルの分析となります。方向性を定めるにあたっては、これらの内部環境と外部環境の各要素の、売上、コスト、利益へのかかわり方を意識して分析しましょう。

1 取引先の内部分析

　取引先の内部分析をするにあたっては、まずKPI（業績評価指標）を理解することが必要です。中小企業の経営環境は、多種多様なので、指標自体を正しく選択することが、最優先事項です。選択したKPIについては、経営環境の多様性から値での評価がむずかしい場合もあります。たとえば、棚卸資産回転期間などを業界平均値と比較して取引先の評価をすることもみられますが、在庫の意味づけが変わると一概に長いから悪いとはいえません（本章で例示します）。それよりは複数年にわたって定点観測することで得られる気づきが大事になります。たとえば、1人当りの売上高を複数年にわたって観測していると、ある事業の減少トレンドがみえてくるなどの気づきから、今後の事業継続への判断をするという使い方になります。KPI選択のヒントをこれから解説します。

(1) 「単価」×「数量」の分析

　KPIを検討する前に、STEP2でも触れたように経営支援の観点からは、まず売上、そしてそれを構成する「単価」×「数量」についての理解をしましょう。その理由は、各業種間で違いが出るため、営業や設備投資に対する考え方が変わってくることにあります。営業での案件としては、ロットがどれくらいで受注額がどれくらいかをつかみ、年間どれくらいの受注件数が必要かを判定しておきたいところです。たとえば、スマートフォンのコネクタの金具にメッキをかける仕事では、1個当り何銭という処理単価で何百万個という処理をすることとなります。一方で、研究機関用の特殊な計測装置を設計・製作しているような会社では、2年近い時間をかけて、数億円の装置をつくりあげていくこともあります。これらの会社の製品単価は、ざっと

100億倍程度の開きがあり、売上のあげ方の特性に大きな違いが出ます。

　売上のあがり方の特性により、本業支援の方向性も変わってきます。たとえば、本業支援の1つとしてビジネスマッチングをする場合には、「数量」の要素が大きく効いてきます。「爪の先ほどの小さな部品を月1万個ぐらい使いたいので、特殊ではないメッキをしてほしい」という案件は、そもそも成立がむずかしいといえます。なぜならば、「単価」×「数量」を考えると、単価が数銭であると、この案件の売上は、月間で数千円ぐらいにしかならず、将来的なことを考えても受注する誘引にはないからです。「単価を上げればよい」という案もありますが、同業者などに単価の噂が回ることをおそれて、積極的にならない会社も少なくありません。こういう案件は、「開発案件」として、数回のテストも含めて、一式で請けるかたちのイメージで進めたほうがうまくゆくように思えます。支援先が得られる売上額をイメージしてミスマッチを極力少なくしたいものです。

　樹脂製品の製造会社であれば、同じ材料でも製造工程が射出成形か、切削加工かでは工場の設備も異なり、対応のむずかしさや競合先の数も変わってきます。また、切削でも生産数が1個単位なのか、日産1万個なのかでは、その会社の対応できる生産規模、言い換えれば創出している付加価値が変わります（ひいては粗利が変わるということにもなります）。

　製品単価を知ることにはむずかしい面もあります。一概にいえない面もあるので、あくまで平均的な値が求められれば御の字でしょう。その点で活用できるのが、大きさや重さです。たとえば、金属加工品であれば、見積りの際に、（材料のkg単価）＋（切削して取り除く金属のkg数）×（切削単価）などの式で試算していることが多いようです。立体的な加工品では製品重量、板金製品では板面積などの単価の基本とすべき内容を取引先の経営者に確認しながら、把握していきましょう。年間の売上高を、使用する鋼材のトン数や鋼板の平方メートル数で割って、概略の単価をつかみ、利益とあわせて複数年の動きをみてみると業況がつかみやすいと思います。大事なことは、顧客像から推定される数量や受注額と自社の生産キャパに基づく「単価」×「数

量」にミスマッチがなく、バリューチェーンからもしっかり付加価値がとれているかを評価しましょう。長年取引している顧客とは、関係が惰性になっていることで、「単価」×「数量」が明らかに採算レベルにないことも少なくありません。そういう場合は、顧客別に売上をリスト化してみせてあげることで、値上げ交渉や新規開拓を後押ししましょう。また、実際の値上げ交渉では、このようなリストを提示することが、顧客への説得材料になるので、使ってみるとよいでしょう。

(2)　損益分岐の分析

　前項で示した売上への理解が進んだ後は、費用や利益モデルへの理解を深めます。損益分岐の観点で分析し、収益構造をふまえることで誤った判断をしないのが目的です。具体的には、設備や原価などの費用支出について判断を誤らないことです。導入したのに利益が向上せず回収できない設備投資もみられます。そのためにも収益構造は理解しておきたい内容です。

　収益構造を理解するにあたって、産業分類を使ってみましょう。総務省で決めている日本産業分類がありますが、ここではそこまで細かくみずに、労働集約型か資本集約型かという大まかな形態で分類します。近年、それらに加えて知識集約型を加えた3形態で分けることが多くなっていますので、この3形態での理解を進めます。図表6－1の損益分岐点のグラフが示すように、売上や費用の増加の仕方は、これらの形態に基づきます。ここから各形態のKPIについて解説します。

　労働集約型産業は、商業やサービス業のように人間の労働力が事業基盤となります。製造業関連では、人手による組立、加工などがこのカテゴリーに相当します。経営的には、広告費や（設備の）減価償却費などの固定費比率は高くなく、利鞘もとれるわけではないのでローリスクローリターンの方向性をとる傾向が強くなります。そのため売上の見込みが立ちやすい製品を効率的に製造していくことを追求します。収益を向上させるためには、労働力

図表 6 - 1　労働集約型／資本集約型／知識集約型　産業別損益分岐点

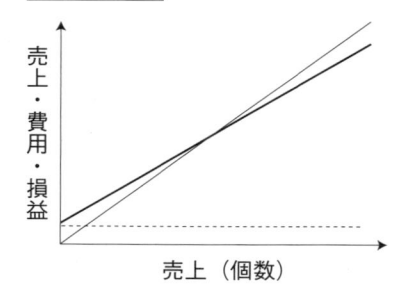

見通しが立ちやすい市場で割安な変動費を追求しコツコツと売上を積上げ

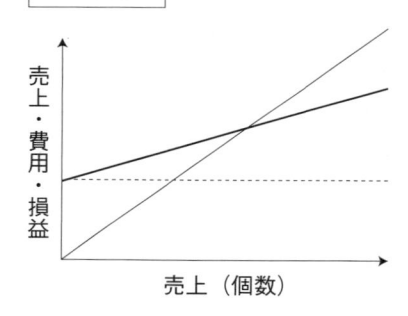

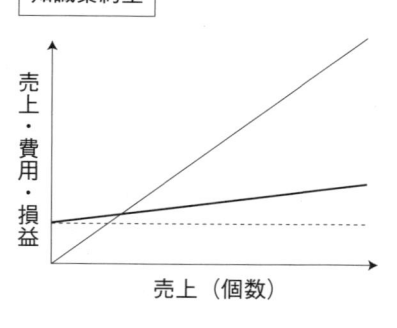

動きが読みにくい市場で良質な固定費を追求しホームラン的売上をねらう

を効率化すること、商品回転数をあげることが第一義的な事業課題となります。労働集約型では、「1人当りの売上高」や「1人当りの粗利」などが重要なKPIとなり、売上拡大ペースはこれらの指標に比例したものと考えられます。

　資本集約型産業は、装置産業といわれる化学プラントなどのように設備の生産能力が事業基盤となるものです。製造業関連では、素材などを生産する化学工業やプレス加工業などがこのカテゴリーに相当します。経営的には、研究開発費などの固定費と製造原価などの変動費の両方に目配りしながら事業をし、損益分岐点を超えると高い利益が出てくるミドルリスクミドルリターンの方向性となります。収益を向上させるためには、設備能力を発揮すること、損益分岐点を超える売上を確立することが第一義的な事業課題となります。資本集約型では、設備投資などの局面で損益分岐点を超すための指標となる「設備導入による売上高増加額」や「導入する設備当りの粗利（人件費低減効果）」などが重要となります。

　知識集約型産業は、労働集約型産業同様に人間に依存する形態ですが、知識に依存している点で高付加価値となるものです。製造業関連では、工場をもたないファブレス型のハイテク産業やソフトウェア開発など専門知識を基盤として事業を展開します。経営的には、設計を組み込んだ半導体などの普及によるレバレッジ（てこの効果）を利かせてライセンス料などで刈り取ることで売上をあげるハイリスクハイリターンの方向性となります。極端にいえば、10個ある事業シーズのうち、9個が失敗しても1個の大ヒット（ホームラン）で投資回収できればよいというイメージです。収益を向上させるためには、知識をどうやって売上に変換していくかが第一義的な事業課題となります。知識集約型では、「開発1件当りの売上高」や「ソフトウェアでのライセンス回収額」など投じた知識に対しての回収確率（期待値）が重要なKPIとなります。また、回収のためには、広く行き渡らせるための顧客基盤、普及団体、商流などプラットフォーム的な社内外の経営資源が必要となります。

もっとも数十人規模であれば、資本集約型や知識集約型であっても投資できる設備や普及のための経営資源の限界もあり、設備稼働のための段取りなど労働集約的な側面が色濃く反映されるため、1人当りの売上高や粗利を指標とすることでよい場合が多くあります。労働集約型の取引先以外でも押さえておきましょう。そのため注意したいのが、増員です。「忙しい」との判断で新規に人材採用しても、直接的に売上貢献する人材でないと、1人当りの売上が減少して収益性が大幅に悪化することもあります。

　労働集約型、資本集約型、知識集約型、それぞれの事業形態を各取引先に当てはめていこうと思っても、むずかしいこともあります。たとえば、金属の切削加工による部品製作の取引先などは、インタビューしないと区分できないことがあります。高精度な部品であるため、設計や材料調達から製作・仕上げ・検査まで一貫で対応しているような取引先であれば、加工機にとどまらず検査設備や従業員教育までを含めた設備投資をして、それが顧客を引き付けて売上をつくっていく資本集約的な面が強く出ます。一方で、それほどの精度が必要なく、材料支給で指定された図面どおりに（数値制御式でない）汎用機で加工する賃加工的な取引先であれば、労働集約的な側面が出ます。ここからもわかるように同じ金属の切削加工であっても収益や費用構造が違うので、インタビューで把握することが求められます。

　これらの形態が区別できたところで、次に理解したいのは、損益への影響です。それを決めるのが、売上と固定費、変動費のバランスです。営業レバレッジという指標がいちばんわかりやすいかもしれません。営業レバレッジとは、（営業利益の増減）÷（売上高の増減）の倍率で表される指標で、売上の増減に対して固定費率がレバレッジ（テコ）効果となり利益の増減に影響を与えることを示します。

　先に説明した金属の切削加工会社のうち労働集約的な取引先では、設備投資を引き延ばして、なるべく固定費を増やしたくない方向になるはずです。一方で取引先自身が自社の事業形態への認識が弱く、賃加工形態で利益が出にくい事業をしていながら、過剰な設備投資を志向してしまうこともありま

図表6－2　変動費の減る投資と減らない投資の損益分岐点

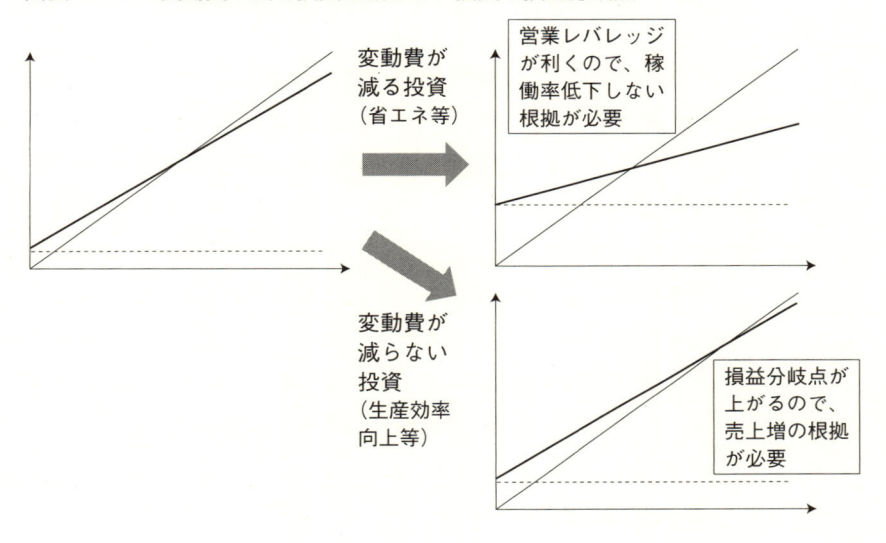

す。図表6－2に示すように設備投資により、減価償却費が固定費として上乗せされるので、その分、損益分岐点が上がってしまいます。設備寿命による同程度の性能の更新投資では、売上をあげる策が必要になります。一方で、省エネ効果や省人化効果のある設備であれば、変動費が下がり、損益分岐点も下がる可能性があります。設備投資の際は、営業レバレッジの効果をふまえて、「設備投資による呼び込み効果での売上増加」や「固定費、変動費の増減による営業利益への効果」を支援者が検証することが持続可能性を担保するためにも大事なポイントとなります。(1)で分析した1案件当りの平均金額を何件増やすことができそうかなどを取引先と一緒に検証して、損益分析をシミュレーションしてみましょう。

(3)　在庫の分析

　製造業では、原材料、仕掛品、製品、商品などさまざまな在庫がありま

す。一般論では、「在庫は悪」ともいわれ、管理コスト、運転資金の増加を引き起こすデメリットが強調されがちです。たしかに、「なくなったときが怖い」といって使う予定のない材料を多めに仕入れた結果、材料棚にさびたまま転がっている光景をみると、悪というのも納得できる面は否めません。材料在庫ならば、リードタイムを確保するための発注点を決めて、在庫管理の方法を徹底すればよいでしょう（在庫管理については、多くの書籍が出ているので、それらを参考にするとよいでしょう）。

　しかし、中小製造業、特に少量多品種の製造をしている会社では、在庫をもつことで付加価値を出していることもあります。言い換えれば、在庫をもつことがセールスポイントとなっているケースがあり、その場合は在庫を悪とみてはならないのです。以下に代表的な2つのケースを紹介しましょう。

■プリント基板実装会社のケース■

　最近は、電子回路部品の製造中止のサイクルが早まってきています。一方で、それらの部品を搭載した電子機器や製造装置、電源等は、インフラ分野で使用する場合などは、数十年保証して動作をさせなくてはならないことも多くあります。しかし、大手メーカー等では、経営効率の観点から在庫をもたないよう奨励しており、自社在庫に頼って動作保証をし続けることが困難になっています。

　そのため、小ロット品は、中小のプリント基板実装会社に、電子部品のストックと管理を含めて回路製造を委託しているところもあります。そのようなケースでは、中小の実装会社では、製造中止に備えて、メーカーと相談のうえ、電子部品を多めに購入しておき、必要なときにそれらの在庫を活用して基板実装をしています。こういうケースでは、電子部品の在庫をもっていることが、直接的に仕事につながっているわけで、在庫を安易に削減するわけにはいきません。

■電子部品のネット販売商社のケース■

　マウザー・エレクトロニクス（Mouser Electronics）は、世界的規模で展開する半導体および電子部品の正規ネット販売会社です。マウザーのウェブサイトMouser.comは、2018年現在で700社を超えるメーカーの500万点以上の製品をそろえており、成長著しい会社です。著名な投資家であるウォーレン・バフェット氏が率いるバークシャー・ハサウェイ社のグループ企業であり、その確固たるビジネスモデルが評価されています。マウザーは、自社のウェブサイトから注文を受けると、テキサス州にある7万平方メートル（東京ドームの約1.5倍）の施設から、170カ国60万人を超える顧客に4日以内で製品を届けています。もともと高校の物理教師が「1個からでも手軽に部品が買える環境をつくりたい」と始めた同社では、少量多品種対応が中心のビジネスであるため、在庫が分散しないようテキサスで集中管理しています。それでも、90万品番以上ある在庫は、かなりの多額となります。そのため経営的にもかなりの在庫資金を要しますが、それが強みとなって、顧客を引き付けています。同社では、大企業をはじめとする顧客が小型パーツを自社で管理することを面倒と思っていることに気づき、少量から即納できる体制を築いて「顧客企業の在庫」として機能することで存在理由を確立しています。単なる電子部品商社ではなく、顧客の設計リードタイムの短縮を支援する利便性の高いディストリビューターとしての側面が際立っています。これにより顧客は同社から離れることができず、リピート注文が繰り返されることとなります。それを支えているのは、マウザーの社内在庫なのです。

　このように顧客に訴求する付加価値となる在庫もあり、表面的な財務分析ではなく、在庫の意味を評価することが必要です。一方で、無駄となっている在庫は、管理方法を徹底しているかを確認するようにしましょう。原材料、仕掛品、製品、商品などの在庫が売上の何カ月分か、そしてそれらが管

理されている状態でそうなっているのか、成り行きなのか、理想の在庫は、何カ月分なのかをインタビューして、理想に近づけていくための支援（管理システムや専門家の紹介）をしていきましょう。

(4)　設備・技能等の経営資源の分析

　ヒトーモノーカネージョウホウといった経営資源は、取引先の事業活動を進めるうえでの基盤です。それらが過不足なく機能しているかは分析しておきたいものです。特に変種変量製造の傾向が強まっている昨今、対応の柔軟性がより求められるようになりました。設備や人材の転用可能性が事業継続のカギとなってきています。そこで「設備の専用機化」と「多能工化」が経営資源を評価するうえでのキーワードとなります。

　設備の専用機化とは、ある特定の取引先の特定部品のために製造設備を固定的に割り当てて、専用治具を使って、効率的に製造することをねらうことをいいます。しかし、最近の製品ライフサイクルの短縮傾向やつくり過ぎを避けるためのロット数の減少傾向で、専用機の稼働率が下がっている工場も多くみられます。昨今の経済状況が不透明ななか、顧客が確約してくれているからといって、安易な投資はお勧めできません。客先の計画が予想を下回り、発注量が減少したとしても、何の後ろ盾もなければ、取り戻しようがないケースがほとんどです。支援者は、専用機化されている機械の稼働率を常に気にしていましょう。今後も減少傾向が続くようならばタイミングをみて、製造移管先を探したり、複合的な加工が可能な柔軟性の高い設備への更新などの提案をしたりもしてみましょう。

　また、人材面での柔軟性も大事です。複数の設備を担当できる多能工化の進み具合を把握しましょう。製造効率を追求すれば、担当工程を決めて専門特化していくほうが有利です。しかし、変種変量の傾向が強まるようであれば、それに応じた体制が必要です。一般的に50名以上の現場作業者がいるような取引先であれば、各工程に必要な人数を配置できるので専門化が進みま

す。そのためほかの工程での作業内容がわからないということがあり、製造の柔軟性を確保するのが困難です。このような取引先では、一定程度の教育をして、多能工化への取組みをするべきでしょう。多能工化を意識している取引先であれば、各作業者が何を担当できるかというスキルマップをつくっていることがあります。そのような管理をしているかをインタビューで把握しましょう。

2　取引先の外部環境分析

(1)　バリューチェーンの評価

　取引先の内部分析が終わったら、次に外部分析を進めます。まず、ミクロ（外部）環境分析を進めるため、インタビュー結果に基づき、取引先を取り巻くバリューチェーンを描いてみましょう。そして、バリューチェーンをみて、それぞれの付加価値と得ている利益がマッチしているかを検証しましょう。

　バリューチェーンを描く場合は、「どの範囲まで描けばよいか」という質問を受ける場合が多くあります。その答えとしては、「取引先の製品を使うことを直接的に意識するエンドユーザーまで」となります。たとえば、スマートフォンを活用する一般消費者を意識しなくてはならないのは、コストや選定の要因として大きくなる樹脂筐体や通信モジュールなどのメーカーです。一方で、スマートフォンに搭載される半導体の製造装置メーカーは、一般消費者を意識する必要はほとんどありません。

　バリューチェーンからの付加価値のとらえ方は、STEP 3 で解説したとおりですので、詳しくは省略しますが、M&Aなどによる垂直／水平統合以外にも、もう少し緩いかたちでの連携で価値を高めることができます。仕入先との連携が特徴的な事例を以下に 2 つ紹介します。

---

①　金属加工会社が鋳造品などの調達をするケース

　切削等での削り出しが多くなる形状の金属加工品では、あらかじめ成形された鋳造品（溶解した金属を鋳型に流して冷やし固めたもの）を使うことがあります。鋳造品を使うことで、すべてを切削しないですむため

トータルコストが低減できる効果がありますが、一方で、金属が冷え固まる過程で体積収縮が生じ、内部に"鬆"と呼ばれる大きな空洞が発生することがあります。ただ、表面をきれいにするために切削加工をするときに注意が必要です。加工中に"鬆"がクレーターのように表出して、刃物が引っかかりやすくなり欠けを引き起こすことがあります。また、加工したことで表面に"鬆"が出てきて、製品の外観不良となってしまうこともあります。そのため金属加工会社では、"鬆"をつくらないようにコントロールする技術をもつ鋳造会社と取引することを望みます。鋳造会社では、個々に形状や材料にあわせた金属の流し方のノウハウをもち、独自の方法（鋳造方案）を確立しています。鋳造品に習熟している金属加工会社では、コスト合理性も鑑みた要求品質に応えられる鋳造会社から仕入れることで最終的な品質を担保しています。

② **基板実装会社がプリント基板の調達をするケース**

　回路パターンが描かれたプリント基板を仕入れて、ICやチップ抵抗などの電子部品を基板への取付け（実装）をする実装会社のなかには、短納期を売り（付加価値）としたサービスを展開しているところもあります。そのような会社では、昼間に受注するのと同時に回路パターン図を受領して、翌日に実装された基板を納品したりしています。工程としては、部品調達→（並行して）パターンを基にした製版→基板製作（エッチング等）→実装段取り→実装となり、中小企業では一貫対応できずに複数の事業者に受け渡して製作を進めることも少なくありません。そういった場合は、短納期化のためにプリント基板製作会社が夜間対応をしてパターンをつくり、朝方に納入する対応が必要となり、実装会社としてはプリント基板製作会社との緊密な連携が強みの1つとなっています。

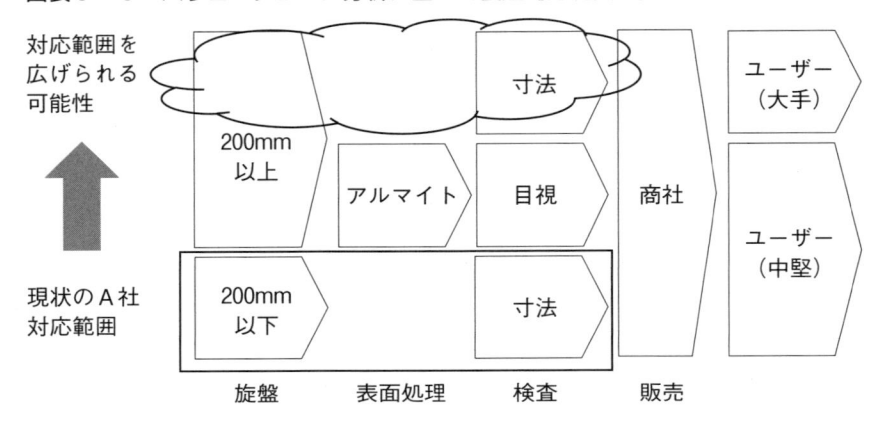
図表6－3　バリューチェーン分析に基づく製造対応範囲の拡大

　一方で、水平方向の評価も大事です。たとえば、旋盤加工のA社は、直径200mm以下の旋盤しか保有しておらず、表面処理も自社で対応していないため、顧客の商社は200mmより大きい径や表面処理の入る加工は別の会社に依頼していました。こういうケースでは、商社は別の大手顧客を抱えて直径220mmで表面処理が不要な案件をもっているかもしれませんが、もともとA社では対応できないと考え、相談さえしないことがあります。こういう仕事は、少し径の大きい旋盤さえ設備できれば、対応できる可能性があります。支援者が入って、あらためてバリューチェーンを点検して、顧客やエンドユーザーの要望を再確認することで（費用対効果次第ですが）、対応範囲を広げられます（図表6－3参照）。

(2)　フレームワークを使った分析

　ミクロ環境分析をした後は、今後、どのような市場動向が起こりうるかについて、フレームワークを使って俯瞰的に分析をしてみましょう。前段で検討した取引先の強みが、いまの外部環境においてどう発揮されるかを意識してビジネスが成立するかを検証しましょう。STEP 2で触れた事業性評価

図表6-4　3C分析の例

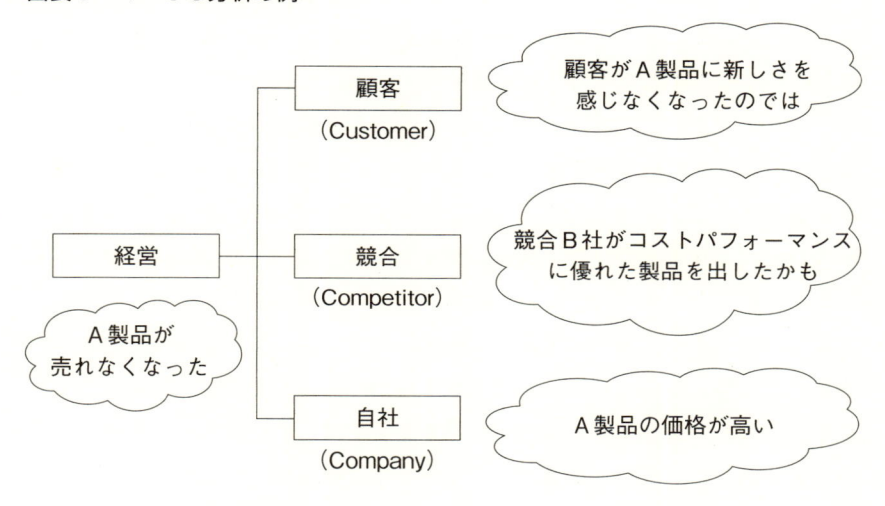

シートを使って、外部分析を進めるとよいでしょう。代表的フレームワークとして用いられるのが、3C分析とSWOT分析です。

　3C分析とは、事業の方向性を考えるにあたって市場を構成しており考慮すべき3者——顧客（Customer）、競合（Competitor）、自社（Company）——を定義して、相対的な優位性を確認していくためのフレームワークです。自社については内部分析の結果のとおりですが、顧客や競合の動向をふまえて、その方向性が妥当かという検証に多く使われます。大まかな事業の方向性をつくるときには、図表6-4に示した3C分析を活用します。

　SWOT分析とは、ある事業環境において内部要因である自社の強み（Strength）と弱み（Weakness）、外部要因である機会（Opportunity）と脅威（Threat）を明らかにして、経営資源の配分などを具体的に検討していくための枠組みです。日本企業で、いちばんといってもよいほど浸透しているフレームワークです。

　しかし、注意することがあります。3C分析にしても、SWOT分析にしても、目的は「使うこと」ではなく、「正しい使い方」をして分析結果を導

くことです。作成された事業性評価シートをみる機会もありますが、穴埋めすることが目的になっており、分析的な意味がわからない場合も散見されます。その主な理由としては、対象企業ならではの「絞りがない」分析になっていることがあげられます。それは、STEP 2でも述べましたが、マクロな環境だけでミクロ環境を考慮していないことに起因します。たとえば、ガソリン自動車の部品を製造しているメーカーに対しての分析では、「電気自動車の台頭により将来的な売上低減に備えるべき」という結論が書かれていることが少なくありません。たしかにマクロ的にみた業界としては、疑う結論ではないのですが、本当に当該の取引先に当てはまるのでしょうか。マクロ的な外部環境分析の一般論は、売上数千万円といった企業に直接的に当てはまらないことがあります。特に小規模事業者では、直接接している顧客などのミクロ的な外部環境の影響が色濃く出ます。絞りを入れるための1つのポイントは、「ミクロ化すること」です。バリューチェーンをしっかり描くことで、ミクロ化の精度は上がります。

　３Ｃ分析は、マクロ市場を相手にする大企業には考えやすい面もあります。一方で、中小企業の事業環境は、その売上規模から考えても、ミクロにみないといけません。つまり、自社の顧客がエンドユーザーからどう評価されているか、さらに自社がどう評価されているかを含めて考えなくてはなりません。そのため「どこまでを事業領域としてカバーするか」というレベル感が重要です。中小企業の経営資源には限りがあるので、全方位に出ることは容易ではありません。

　３Ｃ分析の進め方としては、自社要因からまずはピックアップして、そこからレベル感をあわせた市場、競合の分析をしましょう。たとえば、「国内生産の高級な子ども服でブランド力がある」子ども服の製造業であれば、顧客である衣料品卸や小売業のマクロな傾向として「少子高齢化が進み売上低下」、競合が「競争力を上げるため海外製造にシフトしている」ことに対して、自社の今後の方向性を「限られた市場のパイの大きさで、競合に勝つためにコストダウンを目指す」とマクロ面だけで単純に結論づけてはいけませ

ん。もう少し細かくみていくと、顧客では「少子高齢化で高齢者１人当りの孫の数が減り、孫に与えられるお金が増えており、当社主要顧客の高級子ども服店では売上が伸びている」というミクロな傾向があるかもしれませんし、競合も「もともと中価格帯であったため、コスト競争力を高めるため海外製造にシフトした」ということであれば、自社の方向性は、いままでどおり高級路線で問題ないわけです。このようにミクロ的に外部環境をみて整理することで方向性の見極めができるのです。

　絞りを入れるためのもう１つのポイントは、「ストーリー化すること」つまり、棚卸しした強みや弱みなどの各要素をそれぞれの関連性を基に方向性のストーリーをつくって、使える要素を絞りこんでいくことです。バリューチェーンは、そうしたことをするためには最適の枠組みです。バリューチェーンを活用してSWOT分析をしてみましょう。SWOT分析は、思いつく限りの強みや弱みをあげて穴埋めに終始する棚卸しだけに使うフレームワークではありません。棚卸しした結果をふまえて、戦略方向性を導くことに使わないともったいないのです。図表６－５に示すように具体的には、機

図表６－５　SWOT分析とその活用ポイント

強み（Strength）	弱み（Weakness）	内部要因 自社でコントロールできること
【技術】基盤技術力と開発力	【技術】技術が属人的で伝承がむずかしい	
【製品】安定供給力	【製品】大量の在庫や物流への不慣れさ	
【実績】当該分野での実績	【実績】当該業界でのブランド不足	
【経営】本社からの支援（販売戦略等）	【範囲】既存製品との住み分け	
機会（Opportunity）	脅威（Threat）	外部要因 自社でコントロールできないこと
【製品】業界は新製品の登場を待望している	【製品】安全性が厳しい	
【実績】最終ユーザーが増加している	【製品】原材料の相場変動	
【法律】関連する条約の批准が近づいている	【製品】顧客要求、クレーム	
	【製品】検品のむずかしい業界	

チェックポイント

①「機会」と「強み」が　　　　②「弱み」と「脅威」は
　リンクしているか　　　　　　　克服できるか

図表6－6　SWOT分析のよくある例（風力発電機関連会社）

強み（S）	弱み（W）
・弱い風力でも回せる構造 ・羽根を軽量化できる設計技術 ・把持力の強いブレーキ ・業界権威のA先生の協力がある	・人材不足 ・ラインナップが小型に限定される ・資金不足 ・月産1,000台規模の生産力がない
機会（O）	脅威（T）
・通信局用の小型市場が出現 ・大型洋上風力発電の設置数増加 ・国の省エネ化の高まり ・地域防災拠点設立で電源必要	・大型風車の風切り音が社会問題 ・大規模風力発電所の倒産が増加 ・新興国が安価な発電機で参入 ・風速の強い場所の空きがない

会（O）をとらえて強み（S）を生かす方向性を出しつつ、対処すべき脅威（T）や弱み（W）を明確にすることです。その過程で、不要な項目は、捨ててしまってもかまいません。言葉の厳密さにとらわれずに、考えるツールとして活用しましょう。SWOTの各項目は、置かれている環境に依存するため、同じ項目を機会ととらえることもできるし、脅威と考えられることもあります。強みや弱みと擦り合わせて、方向性を出していきましょう。

　たとえば、風力発電機を開発している取引先が図表6－6のようなSWOT分析を出してきたとしましょう。ここから導ける方向性とはどんなことでしょうか。

　取引先は、知っている限りのことをいろいろと書いてきてしまうものです。しかし、それゆえに事業展開のストーリーがみえにくくなってしまうこともあります。まずは、機会をとらえて強みを生かす観点からみてみましょう。機会を考えるにあたって、まず大型市場か小型市場のどちらをターゲットにするかを考えてみましょう。通信局用などの小型か、海に設置する大型かはわかります（SWOTでは、「今後、国としてますます省エネ化が進んでいく」など当たり前の事実を書いてくる人も少なくないのですが、こういうエッジの利いていない言葉は捨ててしまいましょう）。それ以外は、地域の集会場などの

図表6－7　SWOT分析のターゲットを絞った改善例

強み（S）	弱み（W）
・弱い風力でも回せる構造 ・羽根を軽量化できる設計技術	・低コスト設計のできる人材不足 ・弱風対応の開発資金の不足
機会（O）	脅威（T）
・通信局用の小型市場が出現 ・地域防災拠点設立で電源必要	・新興国が安価な発電機で参入

→通信局や防災拠点向けに弱風対応の小型発電機を展開する戦略

防災拠点向けですが、地震などの避難場所での電源を考えると、みなさんの携帯電話などの充電ができることがイメージできますので、小型の発電機でよさそうです。そうすると小型市場に向けて、どういう強みが生かせるかを考えます。弱い風力で回せたり、軽量化したりすることは、小型市場で使えそうです。一方で、よくよく取引先に聞いてみると、ブレーキが必要なのは回り過ぎを止めるためでした。また、A先生の口利きで購入が決まるような業界ではないので、権威の協力も強みにはならなそうです。「通信局や防災拠点向けに弱い風力で回る小型軽量の発電機を展開していく」方向性において、消すべき脅威や弱みは何でしょう。大型や風速など規模の大きさに関することは必要以上に考えなくてもよさそうです。新興国のターゲットや実際にどれくらいの規模と資金が必要かを考えて対処すればよさそうです。このようにSWOT分析では、真に必要な記載項目は半分以下ということもあります。ストーリー性を重視して、必要でないものは思い切って削って、だれがみてもわかりやすいかたちに書き換えましょう。図表6－6を書き換えると図表6－7のようにシンプルになり、わかりやすい方向性がみえてきます。

3 具体的な方向性

　ここでは、今後の方向性を定めるにあたってのいくつかのパターンや考えるべきポイントを紹介します。まずは、既存のバリューチェーンを出発点とした観点から、(1)垂直統合、(2)垂直分業、(3)水平統合、(4)プラットフォーム化について解説します。また、付加価値創出のポテンシャルを上げるための、(5)少量多品種対応、(6)製造効率向上、(7)ブランド力向上や新しい取組みとしての(8)新製品開発についても説明をします。

(1)　垂直統合
──「川上」「川下」への染み出しによるサービス強化

　新しい事業の柱については、製品だけでなく、サービスにも視野を広げて検討してもよいでしょう。既存の製品に新しいサービスを抱き合わせて提供することで、新しい販路をつくらずに売上がアップできる「クロスセル」（一般的には、関連商品を購入してもらうマーケティング的な取組みを指す）にもつながるからです。自社の強みを軸にして、バリューチェーンの上流や下流にかかわる関連したサービスを強化することで顧客1社当りの売上を増やすことは、ゼロから商品開発をするより進めやすいように思えます。方向としては、川上（仕入側）と連携するパターンと川下（販売・サービス側）と連携するパターンがあります。川上は、原材料の手配や設計などに関すること、川下は、保守、品質保証、配送、回収などに関することを取り込んだり、一体化したりする活動となります。

　川上への染み出しは、収益に効果的な場合があります。いちばんイメージしやすいのは、特に部品を外注しているようなケースでの内製化です。特に少量取引の場合は、相対的に大きなコストになりがちな輸送コストがなくな

り、工程のコントロールもしやすいため、収益率が劇的に向上することもあります。QCDの観点から収益性などをアドバイスできると、取引先は喜ぶでしょう。

川下は、顧客に使いやすいサービスを付加することをイメージすればよいでしょう。たとえば、生活雑貨などを扱っている取引先であれば、プリンターを導入して名入れサービスなどを進めるようなイメージです。生活雑貨品の製造会社は、卸など既存の流通を通じて販売すると、顧客との接点はもちにくくニーズの反映に苦労することもあります。しかし、名入れサービスができれば、顧客から直接オーダーされる機会も出てくるため、ニーズを知ることができます。どんな業界からどの程度のロットでどんな名入れのオーダーが来るかを知ることで、次へのチャンスがみえてきます。たとえば、名入れのニーズがあれば、プリンターを活用してオリジナルの絵柄を入れる可能性がみえてくるかもしれません。顧客との接点が強化されていくような染み出しであれば、メリットが大きいでしょう。

染み出しの戦略は、現在からの変化を想像しやすく、効果の確実性もあります。新製品開発より、まずバリューチェーンに沿った染み出しの事業を考えていくことを金融機関からお勧めしてもよいかもしれません。

(2) 垂直分業──品質担保しながらのファブレス化

垂直分業という言葉の意味としては、新興国と先進国で異なる製品を製造し、交換しあうことを指すようです。ここでは、1つの製品の製造工程を分割して対応するかたちの垂直分業を紹介します。具体的には、「品質維持機能」「商社機能」「製造ノウハウ提供」に特化して、低コストの製造委託先を活用するなどして付加価値を確保する方法です。

業界にもよりますが、品質維持は、付加価値として訴求できる内容です。PL（製造物責任）やISOに代表されるように製造業を取り巻く法規、規程、規格類は年々厳格化され、中小製造業にも厳しい品質が要求されています。

このような状況下で、中小製造業は品質確保のため、やむをえず高価な測定器を導入することもあります。測定器は、加工が終了後の検査で使用するため、基本付加価値を生む設備でないと考えられてきました。しかし、最近は、品質管理体制が確立されている安心感から仕事を呼び込めることもあります。たとえば、航空宇宙分野の国際規格であるJIQ9100などは、同業界への参入には必須のものと認識されており、取得していることが航空宇宙業界の仕事の受注条件になることがあります。また、製缶業などでは、溶接部門においてPT（浸透探傷検査）、MT（磁粉探傷検査）、UT（超音波探傷検査）などの認定検査者が所属していることで、仕事がとれてくることもあります。

　ここで逆説的に考えると、ある分野や企業群に対して、それに応じた品質管理体制を確立することで、製造は外注しても事業が成り立つモデルもありえます。いわゆる商社機能を発揮して、自分の不得意とするところは外注化して、まとめて検査して納品することで付加価値がとれるということです。

　バリューチェーンに立ち戻ると、（中小製造業の）顧客である大企業が品質保証という付加価値を切り出してしまったため、それを自社へ取り込んで「問題ない部品として納品する」ビジネスモデルです。"餅は餅屋"で得意な外注先と連携して、バリューチェーンで関係する企業群で付加価値を維持していく割り切った事業形態が今後ますます求められていきます。外注先は、日本に限る必要もありません。たとえば、新興国などで意思疎通できる協力工場を見つけられれば、そこを活用して日本の品質管理の目を入れていくことで、期待するバリューチェーンを維持できます。たとえば、規格要求の厳しい業界に対しても、日本の製造業レベルの品質管理ができていれば、製造国は問題としないケースもあります。顧客の大企業の要望にあわせて、割り切って製造委託先を活用していくことが求められます。

　その点でもっと割り切っているのが、商社的機能のみを国内に残す形態です。顧客の要求事項を知っていることが付加価値として訴求できることがその条件です。この場合は、常に低コストを求めて、新興国での委託先探しが必要になりますので、海外展開支援の枠組みなども使いながら、支援してい

きましょう。新興国の技量が十分でない場合は、製造ノウハウの提供を並行して行わなくてはなりません。こういう場合は、ノウハウの移転のための教育機会も必要です。同じく海外人材の教育に資する補助制度などが紹介できるとよいでしょう。

(3) 水平統合——同業の買収、連携など

中小企業間の水平統合は、自社陣営の規模を上げて、川上や川下に対する価格交渉力をつけることが目的となります。同業の買収や提携などが具体策ですが、広義には共同購買や共同配送なども含みます。

中小企業間の水平統合を進めるうえで、判断材料としたいのは、期待する売上や製造規模です。買収の場合には、買収元と買収先の設備の重複の度合いでシナジーがあるかが決まります。量なのか、対応内容なのか、みえている売上規模を試算して進めましょう。1台の目玉設備がほしいために買収してしまうケースもあります。こういった場合は、買収価格が妥当かを算定しましょう。また、売りに出ている案件では、確実な顧客はいるものの年々受注額が減ってきている背景をもっている企業も少なくありません。こういう会社を買収すると、下がりつつある機械の稼働率を埋めるための顧客を新たに獲得しなくてはなりません。まずは、買う前の見極めも大事ですが、買った後は新規先をマッチングする支援なども検討しておきましょう。

(4) プラットフォーム化——ロスリーダー政策

製造業の付加価値自体が変わってきている昨今、プラットフォームづくりによる付加価値を追求することも効果的です。プラットフォームという言葉は、さまざまな分野で使われており、さまざまな解釈が成り立ちますが、ここではビジネスの基盤や規格となるものを指すこととします。標準化も1つのプラットフォーム化に相当します。たとえば、清掃会社や施工会社が独自

の方法を編み出した場合、その方法を標準化しフランチャイズ展開することで、各地方の施工会社とパートナーとして組んで、事業規模を上げていくことなどができます。自社で清掃や施工をしていると、サービスの品質を維持しながら規模拡大をする悩ましい問題が表出します。しかし、標準化することでサービス業としてではなく、清掃や施工に使う薬液や道具を供給するメーカーとして振る舞えることで、そのような問題をクリアして事業を進められる利点があります。しかし、その半面、プラットフォームの形成への投資や維持に手間がかかることを忘れてはなりません。標準化したマニュアルのわかりやすさを追究して、だれでも施工できるかたちに仕上げることが求められます。また、プラットフォームを維持するための広告・宣伝活動に力を入れることも不可欠です。それでも自力・単独で事業展開するのに比べ、複数社が連携してバリューチェーン上の機能分担をすることで規模拡大できるのであれば、得意なことを追求できる点で有効な方法となるでしょう。

　もう1つ理解しておいていただきたいのが、ロスリーダー政策です。一言でいうと、スーパーのチラシに目玉商品を入れてついで買いをねらうようなことです。製造業に関連するビジネスの例では、インクジェットプリンターのメーカーが本体価格を安く設定して普及を促し、使っていれば必ず消耗品として購入されるインクの利益率を高めることでビジネスの継続性をもたせていることです。保守や運用の伴う製品を販売している取引先がいるならば、このような提案をして顧客の新事業を成功に近づけることができます。さらにプラットフォーム形成における費用対効果を取引先と一緒に試算しアドバイスすることが、金融機関の強みを生かせる立ち位置ではないでしょうか。

(5)　少量多品種対応──型レス化、段取改善、生産管理体制

　製造業における製品のライフサイクル短縮化に伴い、1品種当りの製造ロットが少なくなり、多品種対応が求められる傾向が強くなってきていま

す。少量多品種の仕事を進めるうえでは、顧客との意識の差をいかに埋めることができるかということがキーポイントになります。というのも顧客側は、製造数が少なくなったとしても単価が高くなるという意識をもっていないことが多いからです。本章の前半で説明したように、売上高（＝単価×数量）の視点で考えると、売上高で製造にかかる初期費用（具体的には、金型や印刷用の版など）をまかなわなくてはなりません。また、製品の紙箱にしても、形状を抜くための抜型（紙から抜き出す形状に沿って刃がついた型）が必要であったりして、初期費用が無視できないものとなっています。

　初期費用を低減したいのであれば、多数の生産に堪える頑強な金型や抜型を使わない「型レス化」が解決手段となります。切削加工などにより形状を出していく方法はありますが、切削のための工具の動きのデータを作成したり、無垢の材料から削り出したりするだけの加工時間を考えると１個当りのコストは、依頼者の想像より高額となることが多くあります。その点で３Ｄプリンターなどは最近評価されている工法です（ただ、プリンターが動くためのデータ作成等の費用がかかることは知っておきたいです）。しかしながら、１個つくるのも数個つくるのも手間がかかるので、求められる数量を意識した少量生産体制を構築しておきましょう。最終製品の使い勝手や組づけなどの機能検証をする場合には複数個の試作をすることもあります。そういうケースでは、（３Ｄプリンターより）少量対応用の簡易型で対応することにメリットが出ます。これによれば、数十個という単位で試作ができ、１個当りの価格を低減できます。具体的には、プラスチック成形用の金型では、耐久性は低いが切削加工しやすいアルミ材料を用いて、必要な部分だけカセット式で入れ替えられるようにして金型製作する方法です。また、プレス・板金加工の領域であれば、凸凹形状をつくるのに、等高線状に切り抜いた薄板を積み重ねて押し当てる簡易金型も初期費用削減に大きな効果をもたらします。樹脂成形分野では、使用材料の制約はあるものの注型（柔らかいシリコーン型に樹脂の原液を注入して固める）などの方法もあります。簡易型は、耐久性が劣ることが多いので、何回使用できるかを考慮しておきましょう。それに

あったターゲット顧客を見つけることもトップライン支援では重要となります。

　型レス化は設備変更が必要な場合も多く、取組みに抵抗のある取引先もあるでしょう。その点で取り組みやすいのは、段取りの効率化です。先に触れた治具などを工夫して、ワーク（加工対象）の位置決め時間などを短縮します。支援者としては、ECRS（なくす、まとめる、並べ替える、単純化する）の視点で段取作業を新鮮な目でみた感想を取引先にフィードバックするのも歓迎されます。

(6) 製造効率向上

　売上が十分見込めるのに、製造が追いついていないという取引先には、製造効率向上の支援が必要です。また、生産性が悪く、コストが高止まりしている取引先も同様です。製造は、工法に裏打ちされているもので、安くなるにも限界があります。そのためにも発想を割り切る必要があります。技術者として自分が納得いくのではなく、顧客要望にあわせた製造の打ち手を知っておくことがその第一歩です。そのために支援者は、顧客要望への対応意向を確認して、見直しを調達、運用、設備の順で進めていきます。いきなりVA（価値分析）をやったとして顧客要求を満たせるレベルなのかを判断してから進めたいところです。

　STEP 4で解説した4Mの視点で現状確認をして、改善すべき点を取引先と一緒に考えていきましょう。カイゼンを支援するコンサルティング会社もあり、非常にノウハウをもっている方のアドバイスも受けられるので、活用するのも1つの手です。ただし、注意点としては、大企業と中小企業では、現場にかけられるカイゼンの費用レベルが違うので、身の丈にあったカイゼンを提案してくれる先を選定しましょう。手段が目的化しないように、支援者はアドバイスしたいものです。

　また、必要な設備投資については、費用対効果を一緒に検証できるとよい

でしょう。特にボトルネック工程といって、工場全体の加工フローのなかでいちばん仕掛かり在庫が滞留するところは、解決の優先順位が高くなります。1つを解決するとボトルネックは別の工程に移っていきます。中長期的な視点で設備投資計画をつくっておき、国のものづくり補助金の活用などの選択肢も入れて、適当なタイミングで適切な設備への投資ができるように計画しておきましょう。

(7) ブランド力向上

　規模も小さく、広告宣伝に多額の費用を投じることのむずかしい中小の取引先では、市場への認知をどう高めていくかが大きな課題となります。まずは、認知度をあげる方法として、さまざまなピッチ、ビジネスオーディションなどに参加することがあります。こういったところで受賞すると箔がつきます。また、メディアなどの注目も集まり、取り上げられる機会が増えるので、相乗効果も期待できます。BtoC製品を製造しているような取引先には、クラウドファンディングなどを紹介してもよいでしょう。ユーザーが応援団でもあるので、製品への意見や反応がダイレクトに感じられるのもメリットとなっています。こういった公に評価される場所に出慣れてくると、自信もついてきますし、周囲からのみられ方も変わってきます。支援者は、ピッチなどさまざまなイベント情報にアンテナを立てて情報収集しましょう。また、この過程で、ネーミングや商標なども意識したみせ方のアドバイスもできると望ましいです。ブランド力向上は、人材採用にも効いてきます。目立つことや企業理念が知られることで求職者にとっての情報量は増え、結果的に自社にマッチした人材の採用確率は高まります。

(8) 新製品開発

　下請型製造業が下請脱却をねらった方策として、新製品開発を進めること

はよくあります。しかし、バリューチェーンに照らして考えてみると、「必要とする販路がなく、ユーザーに伝えることがむずかしい」など得策でないケースも少なくありません。特に自社の強みから離れた製品化をして、「とりあえず製品をつくってしまったが、全然売れないのでどうしたらよいか」という相談は枚挙にいとまがありません。こういったケースでは、ユーザーの求める要件もふまえておらず、ユーザー候補とマッチングさせても結局はつくり直しに近い方向転換を迫られるのが大半です。まずは、支援者が「それが既存の販路で売れるものか」を検証する視点で、経営者の考えを聴き取っていきましょう。なかにはターゲットが定まっていないこともあるでしょう。その場合は、STEP 2 で掲げた 4 P ／ 4 C 分析などを使ってマーケティング面のアドバイスをすることをお勧めします。4 P 分析は、（特に製品の）マーケティング戦略上、検討すべき項目を製品（Product）、価格（Price）、広告宣伝（Promotion）、流通（Place）の 4 つの視点で検討して、それらの最適な組合せを考えていく枠組みです。自社と競合の製品を比較したり、ターゲット別に比較したりして、よりよい組合せを模索するために活用します。4 P が製造者の視点であるのに対して、4 C は顧客の視点で検討する枠組みとなっています。4 P の各項目に対応して、顧客価値（Customer Value）、顧客コスト（Customer Cost）、コミュニケーション（Communication）、利便性（Convenience）の視点で、顧客にどう自分たちの製品が伝わっているかを示すものです。コストの点では、メーカーとしては製品単体の価格の安さに主として言及しますが、顧客視点では保守費用も含めた設置から保守までのトータルコストで比較したい意向があります。その点の違いから 4 C 分析のほうが、説得力は出てくることがあります。ただ、考えやすいのは、4 P なので、まず取引先には 4 P 分析を促し、出てきたところで 4 C 分析を一緒にかけていくと気づきが大きくなるでしょう。具体性をもたせないと比較ができないことが多いので、言葉のレベル感は意識しておきましょう。たとえば、図表 6 － 8 は、求人情報媒体を分析したものですが、これくらいのレベル感で比較することは必要です。こういった支援を通じ、金融機関や支

図表6−8　4P分析の例（求人情報媒体の比較）

	製品 （Product）	価格 （Price）	広告宣伝 （Promotion）	流通 （Place）
専門サイト	地域からの検索ができる。地域限定でも十分な情報量がある	事業者1万円〜 求職者0円	リスティング広告	インターネットであるが、コミュニティサイトまでつくり会員化を図る
紙媒体	紙面の制約があるので、字数が料金によって制限される	事業者5万円〜 求職者0円	代理店経由もしくは媒体自体が広告となり、広告主を募集	新聞に折り込まれ、地域に配達される
求人サイト	多彩な業種から検索できる。半面、細やかな情報や検索ができない。会社情報は一般の求人と同様	事業者9万円〜 求職者0円	ブランド力があり、CM等でも宣伝している	基本的にインターネットで全方位に発信

援機関のネットワークで、具体的な商流が見つけられれば効果はなお上がります。

　製造業での新製品開発では、特許や商標などの知的財産の創造、保護、活用を意識すべきです。開発の過程で絞り出したアイデアを保護するためにも適切な知的財産の出願や登録をしていきましょう。特許は出すことが目的ではなく、事業を守ることが目的であることを念頭に置きましょう。弁理士などの専門家を活用することが一般的ですが、専門家の考え方を理解して依頼しましょう。弁理士でも特許出願専門の方と事業を意識したコンサルティングを重視した方の2パターンに分かれます。前者では特許を登録するまでの費用対効果には優れていますが、登録を重視するがゆえに特許にいろいろと書き過ぎて競合にヒントを与えてしまうこともあります。一方で、後者の場合は、費用が高くなってしまうこともあります。それぞれの特徴をふまえて、状況に応じた判断を仲介者がアドバイスしながら専門家の選択をしてい

きましょう。

　知的財産も含めて開発には費用がかかります。そのため、国、県、基礎自治体（市町村）などで公募している技術開発の補助金などを活用する支援も考えておきたいところです。具体的な活用の仕方は、STEP 7 で解説します。

本業支援で活用できる
情報の収集

本章では、前章で決めた方向性の仮説を具体化していくための手段として、補助制度など公的施策情報などについて説明していきます。また、金融機関内外でのネットワークをいかにつくるかについても述べていきます。

　Aさんは、取引先の事業方向性を整理・分析して、品質保証などの体制を拡充することが必要と感じました。そのためには、大きな金額の測定装置を導入することを進言しようと思いました。しかし、現在の債務者区分からすると、上席も設備資金の融資をなかなか承認しにくい状況でした。そもそも、支店において当社の強みへの理解は進んでおらず、新規事業などの実績もないため判断材料がありませんでした。Aさんはどうしたものかと悩みました。

　本業支援において取引先に役立つ情報を収集することは大切です。2016年5月に金融庁から発表された「企業ヒアリング・アンケート調査の結果について」によれば、中小企業が金融機関から提供してもらいたい情報（企業アンケート調査結果）の上位2項目は、自社が属する業界動向と公的支援策に関する情報です。一方で、金融機関が提供していて中小企業がそれほど希望していない情報は、経済・金融・国際情勢や金融商品に関する情報です。技術開発を進めたいと思っている取引先には、開発を促進するための補助金情報、新規顧客開拓を目指す取引先には商談会の出展情報などを活用することで、担当者単独でコンサルティング機能を発揮するのに比べ、効果が大きく、取引先からも支持されやすいのではないでしょうか。

　しかし、営業店で日々靴底を減らしながら取引先回りをしている状況では、そういった情報の収集機会は限られ、そのため情報量を増やすことがむずかしいと感じる担当者は多いのではないでしょうか。本部ならば組織の機能として、情報が集約されやすい側面はありますが、自分から収集してまで活用するには思い切れない面はあると思います。

　そこで活用したいのが、支援のネットワークです。支援の過程で、本部を巻き込んだり、支援機関を巻き込んだり、自分のアンテナの感度をあげて、ネットワークを強化していくことが支援の資産となっていきます。本章で

は、メンバーとのネットワークのつくり方、活用可能なツールなどについて解説します。

1 支援メンバーとの協力

　本業支援に際してのネットワークが不可欠であるという考えから、組織間で連携協定等を締結して強化することはよくあります。しかし、連携のイメージが具体化していないため、協定が形骸化し、機能していないことも散見されます。自分たちの不得意な点を補う意図はわかるものの、どう具体的に連携するかについて組織としての方針やコンセンサスが不在のままで、やりとりが活発化していないようにみえます。ネットワークの活性化は、体制づくりだけでは実現できず、相互に行き来する情報量をあげることがキーポイントになります。

　ただ、ネットワークの維持のために、新たに有益な情報を引っ張ってくるのは大変です。よくある異業種交流会等のネットワークの継続がなかなかむずかしいのは、この点にあります。それぞれの会員が仕事ほしさだけで入会しているようだと、事務局はそれに応えることに、かなりのパワーをかけなくてはなりません。情報を得られたとしても、次は公平性の担保などが大変で、結局疲れて退会してしまったなどという話もよく耳にします。そこで、非公式的な組織のような運営に手間がかかりにくいネットワークで疲れないようにしながら、熱い情報を流していくということが成功要因と筆者は考えています。

　その点で金融機関の役割やマッチング能力は、地域には重要です。各企業からの「外注先がなくて困っている」といった有益な情報を金融機関が集約できれば、ネットワークは強固なものになっていきます。また、この趣旨を理解して協調できる支援機関や学校等と連携することで、その情報の流通量はさらに増大して、より強力な武器となります。体制よりも、属人的かもしれませんが、生きた情報の流れをつかめるように人脈づくりをしたいものです。

自力だけでの支援には限界があります。関連機関で、それぞれの支援目的をまず理解して、協調できるメンバーであれば、支援チームづくりを進めていきましょう。何よりも企業をいちばん知っているのは、金融機関です。金融機関が司令塔となり、協調するチームメンバーのそれぞれの意図を理解して、取引先とWIN-WINになれそうなメンバーとその保有する支援手段を紹介していきましょう。

　そのためには支援のベクトルの一致を常に意識しておきたいものです。自分の担当施策の売り込みを優先するのではなく、取引先の成長に向けて汗をかけるメンバーを見つけて、一緒に動いていくことが求められます。各種資格や得意分野を有する専門家などを知っておき、その人の仕事のスタンスがあう方とは（喜んで仕事をしてもらえるだけのリターンも意識して）ネットワークをつくっていきましょう。筆者の支援経験から製造業にとって多く活用し

図表7-1　専門家の対応内容リスト

専門家カテゴリー	相談内容	確認すべき条件
弁護士	法律・契約	専門分野と事業への理解度
弁理士	特許	専門分野と事業への理解度
会計士・税理士	事業承継・再生	専門分野と事業への理解度
社労士	人事制度	専門分野と事業への理解度
デザイナー	プロダクト／ホームページ等	専門分野
省エネルギー	省エネ診断・指導	対応内容と実績
ISO取得コンサル	ISO	多い相談内容と標準的価格
規格対応	RoHS、CE等	対応内容と標準的価格
文書・翻訳	契約書等の翻訳	各国の契約手続等への習熟度
マーケティング	PR・マッチング	メディア／売り場等へのネットワーク
メディア	プレスリリース	掲載情報のストライクゾーン
海外展開	海外進出・販売	得意な国、現地ネットワーク

ている連携先を図表7－1にリストアップします。

　個人だけでなく組織もチームメンバーとなりえます。各地の産業振興関連の財団法人、商工会議所、商工会などはいうに及ばず、信用保証協会などが地域企業回りをしている地域もあります。また、日本弁理士会なども弁理士キャラバンと称して、地域企業の知的財産に関連する相談に訪問型で対応していたりします。組織としての形式上の提携関係でなく、企業情報のギブアンドテイクが成立する機関を選んで連携するとよいでしょう。

2　他所の施策の活用

　支援に使えるツールをもっておきたいところです。具体的には、自治体などが予算化している補助金やイベントなどの公的な施策です。地域金融機関の営業店でなじみのある施策としては、制度融資やものづくり補助金だと思いますが、それ以外でも支援ツールとして使える施策はたくさんあります。国の施策であれば、中小企業庁が毎年発行している中小企業施策ガイドブックなどでリスト化されています。実物をみるとわかるのですが、結構な厚みのあるガイドブックなので、率直なところ「どんな施策を使ってよいか」が瞬時に判断できるわけではなく、中小企業が読むには抵抗があることも否めません。そこで、金融機関が内容を理解して、活用可能な施策をお勧めしたり、活用の実務的アドバイスをしたりすることは、取引先から非常に喜ばれます。

　少々大変かもしれませんが、施策活用にあたっては政策の意図をしっかり理解したいものです。たとえば、補助金・助成金（一般的には、採択において選抜があるものが補助金、ないものが助成金という言葉の使分けをしています）では、設備導入など事業者側の下心が申請書に強く出過ぎてしまうと、補助金・助成金本来の要件を満たさなくなります。その制度が何のために設けられているかを把握してから活用しましょう。具体的には、毎年の経済産業省の中小企業関係予算案のポイントなどを読み込んでいくことが、「外さない」支援につながります。

　多数存在する施策も、それぞれが毎年大きく変わるものではないため、一度理解しておけば、長期的に活用できる知識となります。それに加えて、当年度に設けられた目玉施策へのアンテナを立てることもお勧めします。こういった新施策は、肝いりで立案されていることもあり、活用促進が積極的です。使えそうなものが見つかったら、施策の事務局（中小企業庁など）に問

合せをかけて、その意図を把握しておくとよいでしょう。

　国以外にも地方自治体の制度もあわせて把握しておけば、かなりの情報をもてます。都道府県なのか、基礎自治体（市町村）なのかで、権限などが変わり補助制度にも違いがみられます。たとえば、省エネルギーなどの対策への補助制度は、基礎自治体での制度化が進んでいます。一方で（工業に特色のある基礎自治体でない限り）、技術開発補助金制度はないことが多いです。そういう地域では、都道府県単位の技術開発補助金を活用することになります。

　中小企業の相談に応じて、必要な公的施策を選びとり、その場で活用のアドバイスができるくらいのスピード感がもてるようになると心強いものです。公的施策のうち、主な活用内容を図表７－２に掲げますので、参考にしてください。

　このようなリストを営業店の担当者が一度作成すれば、各制度の概要がつかめてきます。そうすれば、公募要件をあらためて読み込まなくとも、施策のパターンが把握できているので、取引先に向きそうか／そうでないかの判断はある程度できます。そうして「対象企業にあうか」というフィルターを入れて選別した情報を提供したいものです。このひと手間が事業者の心をつかみます。イベントなどがあると無差別的にチラシだけを撒いて勧誘する担当者が少なくありません。「金融機関のお付き合いで出なくてはならない」という経営者の心理的バイアスから自社には不要と思っても参加するケースもみられます。金融機関が思う以上にこの心理バイアスは強く、こういうことを続けていると顧客本位の姿勢からは離れていってしまいます。逆に「貴社に○○の点でよいと思ったので、このイベントに参加してみませんか。もし違ったら、教えてください」という情報提供を心がければ、信頼感は増大します。

図表7－2　中小企業が利用可能な施策の例

活用内容	国の施策例
高度な技術開発をしたい	戦略的基盤技術高度化支援事業
ソフトウェア等を導入したい	ものづくり補助金、生産性向上IT導入支援事業
新分野に進出したい	医工連携事業化推進事業、医療機器開発支援ネットワーク事業
事業所を省エネルギー化したい	中小企業等に対する省エネルギー診断事業、エネルギー使用合理化等事業者支援事業
創業したい	創業補助金
事業承継したい	事業承継補助金（後継者承継支援型、事業再編・事業統合支援型）
新商品等の販路開拓をしたい	販路開拓コーディネート事業、小規模事業者持続化補助金
新たな取引先・パートナーを見つけたい	J－GoodTech（ジェグテック）
新しい地域産品などの事業化をしたい	地域産業資源活用事業、新観光商品等造成事業
農林漁業者と連携した事業化をしたい	農商工等連携事業
特許など知的財産の権利化をしたい	INPIT知財総合支援窓口、中小企業に対する特許料等の軽減、中小企業外国出願支援事業
若者・女性・シニア等の多様な人材を確保したい	中小企業・小規模事業者人材確保支援等事業
人材育成や経営能力の向上を図りたい	中小企業大学校の研修、人材開発支援助成金
働きやすい職場づくりを進めたい	職場環境改善計画助成金、心の健康づくり計画助成金、人材確保等支援助成金
一時的な雇用調整を実施したい	雇用調整助成金

海外展開していきたい	中小企業・小規模事業者海外展開戦略支援事業
商店街等の活性化をしたい	地域商業自立促進事業

（出所）　経済産業省「平成30年度版中小企業施策利用ガイドブック」から筆者が抜粋

具体的な支援の手段
──マッチングを中心として

　本章では、具体的な支援事例を紹介します。マッチングを支援手段の主役と考えて、焦点を当てて解説します。マッチングには、企業や関連機関などとの多種多様なかたちがあります。金融機関ならではの広いネットワークを活用して成果を出しやすい利点があります。

　本章では、具体的な支援の手段としてマッチングを中心に取り上げます。マッチング以外にも経営計画策定など支援の手段はほかにもありますが、トップライン向上などを具体的に実現できるので優先度は高くあるべきだと考えます。また、金融機関の有する数千から数万社に及ぶ取引先という経営資源は、本業支援のいちばんの武器となります。

　マッチング以外の支援としては、事業計画の策定、営業体制支援、文書作成支援、人事評価制度支援、プロジェクト管理、海外展開支援、事業承継，M&A、タックスプランニングなど多数存在します。ただ、こういった支援は、課題として切りだされた後に専門家に依頼して実施することが多いように思えます。金融機関や支援機関の担当者が、日頃の事業活動のなかで支援を進めるものなので、立ち位置を生かす点でもマッチングは有効でしょう。

　しかし、一方で「金融機関のマッチングには、あまり期待していない」という事業者の声を聞くことは少なくありません。本章では、マッチングの理論面から解説して、"外さない"マッチングをするための進め方や事例を紹介します。

　地域金融機関の今後とりうるビジネスモデルの観点からも、ビジネスマッチングのもたらす効果は大きいでしょう。金融機関には、取引先を定点観測しているからこその与信力というコアバリューがあり、信用コストの低減に

つなげることができます。見かけと実態のギャップを利鞘として資金融通により収益化することが、金融機関のビジネスの要諦であるのは間違いありません。そして、その与信力を積極的に使っていく施策が、ビジネスマッチングともいえます。しかし、マッチングは、企業からの評価の高さの一方で、金融機関には直接的な効果としてみえにくい面もあります。活動として継続性をもたせるため、マッチングの成果については、金融機関の内外に向けた上手なアピールをすることも意識して実施していただきたいと思います。

　マッチングを強化するメリットとして、もう1つ大事なことがあります。それは事業性評価の精度を高める効果です。筆者のような外部コンサルタントが、一般論で一時期の業績だけで事業評価したとしても、多様性のある事業環境を有する中小企業の評価としての妥当性の維持がむずかしいことはよくあります。取引先の事業状況を中長期的に把握できるので、金融機関が適正な評価をするポテンシャルは、自己評価以上に高いレベルにあります。取引先の「光るもの・ことを見つける」ことがその近道です。それは、製品・技術だけでなく、社長の人柄も含めた「みたり」「感じたり」しないとわからないことを含めてです。そのためにも、ビジネスマッチングの機会を活用するのが有効です。マッチングに立ち会うことなどで、生の商談場面を体感でき、取引先の強みをマッチングするイメージができ、具体的に新規顧客候補などをピックアップできるように変わっていきます。要は場慣れなのです。

1 マッチングの準備

　ビジネスマッチングを成功に導くためには、正しい準備が必要です。この準備の段階で、スクリーニングというふるい分けをして、対象候補を絞り込み、互いに無駄足とならない配慮が必要です。ここからは、マッチングの準備事項として、相手の属性、事業規模、企業データ、仲介者の立ち位置について解説します。

(1)　相手の属性

　マッチングというと、「お客様の紹介」をイメージする方が結構多いのですが、そこに限ったことではありません。マッチング相手の属性としては、（取引先の製造業からみて）顧客、事業パートナー、仕入先、販路などがあります。マッチングを進めるにあたって、仲介者が最初に考えなくてはならないことは、「双方向にメリットがあるか」ということです。マッチングの席についてもらうためには、信頼関係は不可欠です。精度の低いマッチングを続けていると信頼関係を毀損していくので、双方向に目配りしたコーディネートが仲介者には求められます。

　その観点から、いちばん気をつけなくてはならないのが、顧客（ユーザー）とのマッチングです。これは、簡単そうで意外にむずかしいのです。買い手側からみると、既存の調達先があるような製品・サービスでは、置き換えるだけのメリットを感じなければ動けません。この場合は、ユーザーのスイッチングコストと提供できるメリットをよく比較した提案を仲介者が促すようにしましょう。相手に求められていないものを売り込んでしまうと、売り込まれた側からの（仲介者への）信頼感が低下します。「お客さんを紹介してほしい」という取引先のなかには、「紹介してもらえば買ってもらえる」と口

を開けて待っているだけの会社も混じっていることがあります。少なくとも相手に役立つ提案事項が入っていないとスタートラインには立てません。販路となる商社とのマッチングは、ユーザーと同様ですが、売れそうな製品やお試しの採用など、多少の間口は広くなっていると思います。支援者が提案のブラッシュアップをする意識で臨みましょう。

　もし取引先に、自社製品の売上を向上させたいという意向があるのならば、ユーザーではなく、事業パートナーとのマッチングがお勧めです。「連携してユーザーに提案しましょう」という誘い文句で、パートナーを見つけられれば、アイデアの交換などもできるので仮に着地がなかったとしても有効な機会となるでしょう。いままでかかわりのなかった事業者との連携が1つのきっかけとなり、その後の両者の事業展開を変えていく可能性はあります。連携関係は、金額的な効果がすぐに出るものではありません。しかし、経験上、お金では買えないネットワークができることで、当事者同士の満足度は高くなります。

　最も進めやすいのが、部品の新しい調達ルートを開きたいなどの目的で実施する仕入先とのマッチングです。相手にとっては、売上が立つものなので、とりあえず話は聞いてもらえるケースがほとんどです。STEP 2で示したように「単価」×「数量」があうことが取引成立の条件となるので、できる限り事前に情報提供をしておくとミスマッチは少なくなります。

　注意点もあります。買い手側が情報を持ち過ぎていて、とにかく価格優先でのマッチングを希望する場合は、成約がむずかしいこともあります。プロである買い手が必死に探したなかでも見つからなかった仕入先であれば、金融機関や支援機関が探すことに限界も出てきます。特に既存の仕入先が倒産したため、調達先を探すようなケースでは、もともとの納入価格が極端に低過ぎて、初期費用も含めると3〜4倍の見積額になることがよくあります。こういった背景も聴き込んだうえで、マッチングを進めましょう。

（2） 事業規模

　製造業のビジネスマッチングには、大手と中小企業間であったり、中小企業同士であったり、両者の事業規模に応じた特徴がみられます。ここでは、事業規模に関する留意事項を示します。それは、近年の日本のものづくりの構造変化に起因するものかもしれません。

　現場からみた、その構造変化をまず説明します。日本の地域経済を支えてきた、ものづくりの構造を代表する形態は、企業城下町と呼ばれる地域の産業集積地です。図表8−1のように大手製造業を山の頂点とし、その裾野を地域の中小製造業が部品供給で支えるという構造で、大企業と中小企業が一蓮托生で経済発展に貢献してきました。そこからプラザ合意、バブル崩壊などを経て、産業空洞化が進み、生産の海外移転などに伴い、国内製造業の受注量の削減、採算性の悪化が進んできました。2008年のリーマンショック以降は、数字上は景気がよくなっても、先行きの不透明感がぬぐえず、慎重に

図表8−1　日本のものづくりの構造の典型例

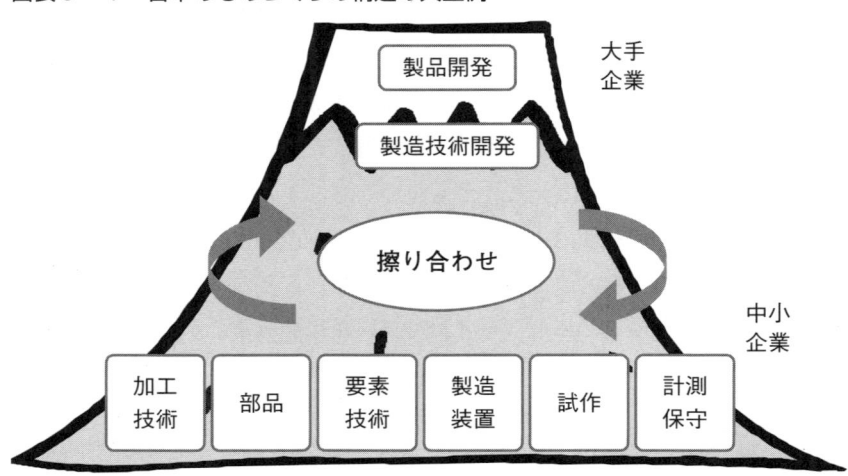

経営をしている中小製造業が多い印象です。工業都市である川崎市でもバブル崩壊後から製造業の数は減少の一途をたどっています。一時期3,000社を超えていた製造業（4名以上の事業所）も2018年現在では1,200社程度とピーク時の半分以下となっています。「儲からないので、子や孫には継がせたくない」と語る経営者も多く、事業承継の困難さなどで廃業などを選び、少しずつ裾野から崩落しかかっている状況にあることを実感します。

　一方、それに伴って「既存の取引先がなくなってしまうので、かわりに製造できる会社はないか」という大企業からの問合せが増えてきています。大企業側も特に大きな問題がなければ、安定供給や品質維持に主眼を置いて、あうんの呼吸が通じるなじみの下請企業を使いたいという考えがあり、あえて積極的に外注先を探してこなかったという状況にあったのでしょう。そのため、中小製造業者から廃業の連絡があった時点で、発注元の大企業は、慌てて外注先を探すことも少なくありません。

　大企業の抱えている問題は、製造委託先だけではなく、自社の人材にもあります。産業空洞化に伴って、ファブレス化が進行し、ものづくりを知った設計者が少なくなっている傾向は否めません。また、製造の場に限らず、研究の現場でも人材不足が起きています。バブル崩壊までは、研究開発の部署にも、研究者の構想をかたちにする技能職の従業員を配置しており、ものづくりをふまえた研究ができていたのが、現在では技能職がいる会社のほうが少なくなっている印象です。

　このように日本のものづくりの頂点である大企業では、進めたいことがあってもかたちにするスピードが上がらない課題を、裾野である中小製造業群では、収益性や事業承継等の課題を抱えています。一度、壊れてしまったサプライチェーンを再構築するには、情報やネットワークが必要です。その担い手が、金融機関や支援機関ではないでしょうか。そして再構築の手段の1つとして、マッチングは有効でしょう。

　マッチングに話を戻しましょう。大企業による中小の外注・委託先探索を目的としたマッチングでは、現場を有して、構想をかたちにできる町工場の

強みは発揮されます。後述するように、大企業の課題も開発、設計、製造などと多岐にわたるので、内容を仲介者が整理して顧客の要請に応じた役務提供のできる取引先とマッチングしていきましょう。大企業が求める（中小企業が）小回りを利かせるべき部分をしっかり聴き取っておきましょう。特に開発や設計の場面では、打合せが迅速にできることから近隣の企業を重宝する傾向がみられます。また、大企業に対応する事務や工場の対応面も必要です。取引の事務手続や工場における監査体制を整えることが継続的な取引につながります。こういったマッチングが地域のさまざまな企業に展開できるようになれば、地域全体のバランスシートは良化していくはずです。

　もう１つ、中小企業間のマッチングについて触れておきましょう。製造分野については、リーマンショック以降は、中小企業間連携が進行しているように思えます。以前は地域でしのぎを削るライバルとしてやってきた会社も、経済の不透明感からか連携に目が向きだしています。"餅は餅屋"と割り切って、自社の得意な仕事だけをして、不得意なものは近隣の会社を紹介しているスタイルです。こうすることで、地域内に来た仕事は逃さずに紹介し合い、適正な価格で受注することになります。製造分野でのマッチングでは、連携のスタンスや数量をしっかり聴き込んで、それにあうパートナーを見つけるようにしましょう。

　一方で、少しハードルが高いのが技術開発分野です。経営資源に限りのある中小企業が新製品を開発すると、いままで必要としていなかった別分野の技術を探さなくてはならない状況も出てきます。そうした外部ネットワークを活用してこなかった企業だと、連携先の探し方さえ見当のつかない場合もあります。

　一例として、電子機器会社が光技術に関する新製品を開発したケースを紹介しましょう。この会社では、追加開発を進めるうえで主要部品の性能向上をねらっていましたが、電気的に性能を向上させることに技術的な限界がみえていました。そのため光技術を採用して期待する性能を満たす方向で開発を進めようとしていました。しかし、畑違いの光技術業界の新しい技術情報

を入手することは困難であったので、仲介者に問い合わせました。そうしたところ、そのネットワークから光技術を有する企業を探り当て、マッチングが進み、情報提供を受けて性能向上を進めたところ製品開発は無事成功に至りました。

　中小企業は経営資源や情報が限られているので、それを補完することは支援者に求められる役割です。STEP 2で紹介したように、複数のキーワードで取引先の求めるマッチング内容をもらさず把握できるようにしましょう。

(3)　企業データ

　地域金融機関の法人の取引社数は、多くが数千社から数万社の範囲にあり、さまざまな規模の会社があるでしょう。そのなかで、金融機関のマッチング仲介者としての強みは、ホームページなどのオープンなデータが少ない取引先も知っていることにあります。

　製造業では自社のホームページがない会社は少なくありません。「安定した取引先があり、こまごました新規顧客を増やしたくないので、あえて広めるつもりはない」「顧客から製作物をオープンにすることを許可されないので、載せるネタがない」「そもそもホームページをつくる気がない」など理由はさまざまです。このような会社にアプローチすることは、人づてや口コミでもない限り困難です。自力で探索するならば、通りがかりで発見するなどしないとアプローチできませんし、経営状況もわからないので多少のリスクをとって接近することとなります。しかし、金融機関は、そのような会社にも容易にアプローチでき、実態も把握できています。金融機関がこういう情報を武器としていないのは、もったいないと思えます。

　先述のように、大企業も外注先探索には苦労しています。以前ほど中小企業群とネットワークができていないので、特に購買部門との密接なやりとりが少ない研究部門などでは、インターネットで外注先を探索します（そのためにも、会社のポータル（玄関）として、強みを的確に表現するホームページを

作成することが、ニーズが明確なかたちで問合せをしてくる新しい顧客をつかむための入口となります）。しかし、ホームページを開設していない会社にも素晴らしい技術や事業を展開している会社は多く、そのなかでもマッチングの成約率がよい会社はあります。それまで自社をみせるための投資や営業コストをかけてこなかった分、コスト競争力が高いことが多いのです。

逆説的にいえば、ホームページで表現できないデータを金融機関が保有することが大事なポイントです。ホームページで表現できないデータとは、先に説明したような、顧客の依頼に基づく製造品があります。工場を見回して、どんなイメージの製品がつくられているかを目に焼き付けて、STEP 5で学んだインタビューにより大きさや素材、仕上げや検査などを紐づけて記録や記憶をして、マッチング先の選定時に活用しましょう。また、STEP 5で紹介した取引先にとって"うれしい"仕事（＝得意とする仕事、強みが生きる仕事）もインタビューで記録・記憶をして、選定時に活用しましょう。

数千社以上のデータがあると、マッチング候補を探すのにもデータベース化したいという考えも起きてきます。しかし、現状ではデータ入力や更新の手間がかかり、費用対効果を考えると運用のむずかしさに直面している金融機関が多いのではないでしょうか。

ここでは、図表8－2のマップでマッチングにおけるデータベースに求められる機能を考えてみましょう。

製造業では、一度マッチングすれば、取引を継続することが多く、次の案件であらためて価格の安い先を探したりすることがありません。製造業のマッチングでは依頼する内容がつど異なることに加え、できる先も限られているため相場価格が形成されにくく、あえて新しい先を探すメリットが少ないという特徴があります。そのため、一度相手先を知ってしまうと、データベースへのニーズが弱まり、データ更新へのインセンティブが働きにくくなります。

一方で、製品機能と販売価格が明確化され相場が形成されるような家電製品は、価格.comのような比較するデータベースで検索され、最安値を提示

図表8−2　マッチングデータベースのマップ

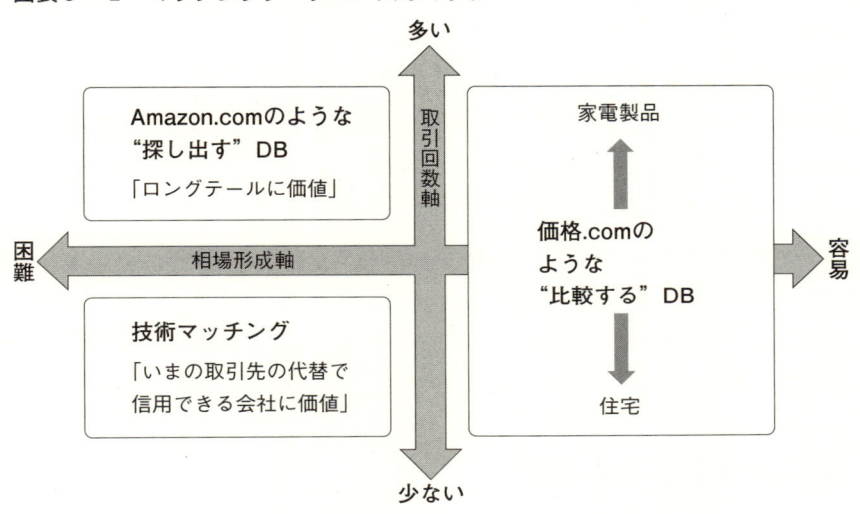

した会社からマッチングされていくこととなります。また、Amazon.comのようなデータベースは、同じ製品の価格を比較する使い方ではなく、膨大な商品数のなかからロングテールの書籍などを探し出すために使われます。

　そのため、まだ企業間マッチングでは、データベースの出番は少ない状況です。多くの金融機関で取引者数と従業員数の比を計算してみると、1人当り10〜20社ぐらいになるようです。窓口も含めての人数なので、少し考慮して数十社であれば、データベースを使わずとも何とか記憶の範囲にとどまるでしょう。そして担当が変わったときの情報の引継ぎさえしておけば有効に機能させられます。

　しかし、近年、製造業の世界にもITによる受発注マッチングの波が来ています。2017年に設立されたベンチャー企業であるキャディ株式会社では、町工場の営業代行的な立ち位置で、ITを活用してCADから直接、板金加工品を発注する仕組みを構築しました。自動見積システムをつくって依頼元には即時見積りを提示して、製造委託先はフェイストゥフェイスで探索したな

かから最適な町工場に、案件が確定した状態で引合いして、無駄見積りをなくすビジネスモデルをとっています。これは、いままでの企業データベースの発想ではなく、物件ごとにマッチングする発想です。自分たちが積算ノウハウをもつことで、個々の案件で即時に見積りができ、製造業では困難と思われていたデータベースを有効化しています。いくつかの金融機関が取引先とキャディとのマッチングを設定するなどしています。

キャディのプラットフォームは発展中であり、泥臭く町工場の探索をしていたりもします。こういう既成の優れたプラットフォームを利活用していくにあたっても、町工場の情報を立体的に保有し使える状態にしておくことが、金融機関には求められることでしょう。

⑷ 仲介者の立ち位置

マッチングを進めるにあたって、事業者間の取引に金融機関が介入するリスクを懸念している担当者もいます。事業者間の取引では、トラブルも起こりかねません。そのため、筆者も、マッチングの場面で金融機関から立ち位置について相談を受けることがあります。そのときは、あえて「介入したほうがよい」と答えています。互いに何を望んでいるのか、それについて深いやりとりを交わさないと、本当のねらいがつかめないことも多くあります。そのためにも第三者である金融機関が立ち会い、必要な質問は投げかけることが必要です。

マッチング案件が仲介者のところに入ってきたら、基本的に依頼元の名前を伏せて、候補先へ打診しましょう。最初からオープンにすると、地域でその情報が回ってしまい、既存の取引先に伝わってしまうこともあります。打診してできそうだという感触が得られて、面談に移行するときに相手先の名前を出せばよいでしょう。

マッチング面談時には、仲介者が最初に話の主導権をとりましょう。とかく企業同士の案件の話が進みがちとなります。その前にあらためて面談の目

的・期待する結果を明確にしておきましょう。また、最後には、次のステップを確認するようにしましょう。そうして主導権をとることで、経過情報が入ってくるようになります。会わせたら終わりではなく、メドがつくまでマッチング状況を追いかけておきましょう。できれば見積額まで知っておけば、不成約の場合にも次のマッチング候補に対して、金額の目安を提示できます。

2 マッチングの種類と事例

本節では、マッチングの種類を7つに分けて解説します。どのフェーズのマッチングかが大事です。それぞれのフェーズでの要求特性やパターンを示します。(1)開発でのマッチング、(2)製造でのマッチング、(3)販路のマッチング、(4)メディアとのマッチング、(5)知財とのマッチング、(6)施策とのマッチング、(7)地域間のマッチング、の順に説明していきます。

(1) 開発でのマッチング

開発でのマッチングをむずかしくする要因は、開発にかかる初期費用の負担です。マッチングする両者のメリットとコストの分担を、仲介者が擦り合わせながら進めていくことが必要です。そのためにも開発過程そのものへの理解をしておきましょう。

開発におけるマッチングの形態としては、大きく2つに分かれます。取引先がニーズ側であれば、取引先が進めたい開発において不足する技術を補完するような「ニーズプル型」のマッチングが、その1つ目です。2つ目は、取引先が競争力のある基盤技術を保有していて、これから伸び行く分野で事業展開している別の取引先に紹介するような「シーズプッシュ型」のマッチングです。開発は、局面によって要求するレベルが変わり、一括りにはできない面があります。開発におけるマッチングの成功確率を上げるためにも、まず開発の過程への理解が必要です。重要なことは、開発における技術の階層構造があり、製品カテゴリー→コンセプト→要素技術の順に進行する構造を有することです。

製品カテゴリーの例として、図表8－3に示すPC用プリンターについて考えてみます。プリンターは、コストや印刷品質、設置スペースといった

図表 8 − 3　製品課題の技術的階層構造と解決手段（プリンターの例）

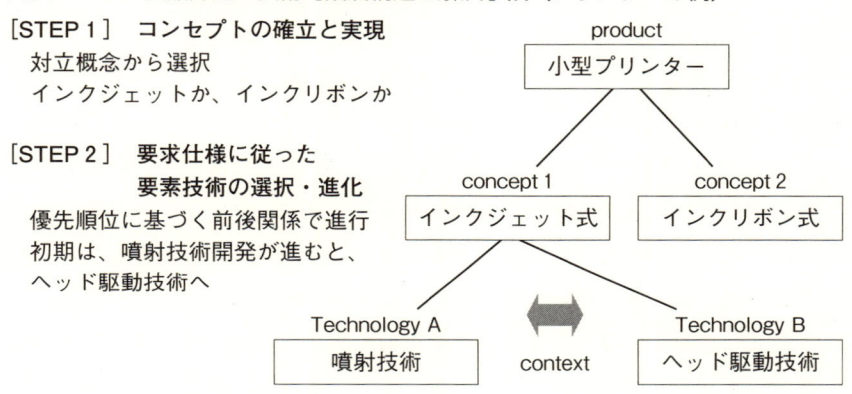

[STEP 1]　コンセプトの確立と実現
　　対立概念から選択
　　インクジェットか、インクリボンか

[STEP 2]　要求仕様に従った
　　　　　要素技術の選択・進化
　　優先順位に基づく前後関係で進行
　　初期は、噴射技術開発が進むと、
　　ヘッド駆動技術へ

　ユーザーの求める特性を反映して設計が進みます。少し時計を巻き戻して、黎明期からの開発・設計の過程をたどって、マッチングなどによる技術結合の必要性をみていきましょう。

　プリンターが出現した1980年頃は「印刷したい」というコンセプトはあったものの、普及はしていなかったためユーザーはどのような方式や形状のプリンターが望ましいかを具体的には知らない状況にあります。そこで各メーカーからさまざまな方式や形状が出現しました。一方、ユーザーはそれらを手にとって使用してはじめて「あるべき姿」を理解します。そこから、ある一定レベルにある製品を「ドミナント（標準的・支配的）デザイン」として選択し、市場内で製品のコンセプトが具体的に確立されます（ドミナントデザインの例は、PC用キーボードの配列、自動車用ハンドルの径などであり、ある程度まとまったかたちで業界的に標準的な形状のものを指します）。ドミナントデザインの詳細は、関連書籍（J.M.アッターバック『イノベーション・ダイナミクス』有斐閣、1998年、289頁）に掲げられていますので、ここでは説明を省きます。

　PC用プリンターでは、インクリボン式（カセットテープのような機構で帯状のフィルムにインクを塗布したインクリボンを、熱や打ち付ける圧力で用紙に転

写する方式）が最初に普及しました。技術的容易性や必要とされる解像度、コストの点でインクリボン式が製品コンセプトとして支配的でした。

　「インクリボンで印刷できるレベルの印刷の精細さを当時のPC本体と同等の30万円程度で実現する」というユーザーニーズが明確になり、「インクリボン式PCプリンター」という商品コンセプトが確立されると、今度はその下位にある要素技術が洗練される過程をたどります。プリンターの場合は、数年間で価格が10万円程度にまで下がるような商品開発が行われました。技術開発の面では、同じコンセプトの範疇で要求が詳細に及び、その要求に対して最適な技術を伸ばしたり、新たな技術を選び取ったりする要素技術開発の過程に移行します。それは、インクリボンの送り技術を改善し選択する開発行為に当たります。コンセプトと異なり、要素技術は変更の自由度が高く、よい技術が出ると置き換わりが頻繁に行われます。

　一方、コンセプトは、不動の場合が多くなります。しかし、下位の要素技術の進展にコンセプトが堪えきれない場合は、逆に上位コンセプトを破壊に近いかたちで強制的に変更してしまう場合もありえます。インクリボン式のコンセプトを破壊したのは、印刷の鮮明度が消費者の要求に堪えられなくなってきたことにあります。そして1980年代中盤にインクジェット式という新しいコンセプトが登場し、現実化することになります。

　インクジェット式プリンターは、当初インクリボン式プリンターより高額でした。しかし、長期的視点では解像度向上の可能性があり開発が進められてきました。その際、大事なのはユーザーの要求です。それを具体的にいえば、少なくともインクリボン式より鮮明で、安価なプリンターということです。プリンターメーカー各社の開発部門では、インク噴射技術やヘッド駆動技術のさまざまな組合せを模索していました。各社の設計した独自の組合せが発揮する機能・性能をユーザーが評価することで、真の製品要件が何であるかを明確化していきました。そこから各要素技術の開発方向性が決まります。平たくいえば、「製品化してユーザーが手にとって、はじめてベストな製品がわかってくる」ということです。うまくフィットしたデザインが現

れ、市場に受け入れられたとき、そのデザインはそれまであいまいだった顧客の選択肢のなかで何が最も重要であるかを浮き彫りにします。

　マッチングの話に戻せば、マッチングニーズのある側が開発・設計の階層構造のどの時点にいるかを認識し内容を擦り合わせていくことが、開発におけるマッチングに強く求められることとなります。

　ここからは、具体的なマッチングの内容について、注意点を説明します。①製品・システムレベル、②モジュール化レベル、③要素技術の改善レベルに分けて説明します。

①　製品・システムレベル（コンセプト丸ごとの導入）

　このプロセスは、ある製品を構成するコンセプトを形成する過程となります。プリンターの例では、漠然としたニーズを満たすために、インクリボンかインクジェットかというコンセプトの選択をする過程を指します。

　マッチングにおいては、カバーする領域が広く、技術が群として必要となるため、最初からつくりあげることは困難で、ある程度完成した技術群を移転することとなります。たとえば、スマートフォンアプリ開発会社が自社のAR（拡張現実）アプリの画像取込み機能強化のために、スマートフォンに取り付ける特殊なレンズを探している場合などをイメージしていただけるとよいでしょう。その場合、現実的には完成した製品・システムを見つけて、丸ごとマッチングすることになるでしょう。それに相当するものがなければ、ニーズ側が開発費を拠出してゼロから開発をする方向で話を進めますが、開発費の分だけコストアップするのでマッチングのハードルは上がります。このタイプのマッチングでは、完成品を見つけられるかが、成功確率を左右するポイントとなります。

②　モジュール化レベル（要素技術の連結・統合）

　①の後は、コンセプトの階層のなかで要素技術の連結・統合が進みます。たとえば、プリンターメーカーのなかには、インクカセットを単独にするのではなく、ヘッドとインクを統合した印字ユニット式を採用しているところがあります。こういう機能統合したものをモジュールと呼んだりします。モ

ジュール開発のためのマッチングでは、機能追加の場合に不足する技術を補完する相手先を見つけることが求められたりします。たとえば、センサーメーカーがデータ送信機能を追加しセンサーモジュールをつくろうとするときに通信技術に強いシステム会社と連携させる場合などです。この場合は、自社得意領域に関する開発費を相互に負担し、モジュールを完成させて売上が立った段階で利益配分するレベニューシェアをする傾向が強く出ます。そのため十分期待できる市場規模があるか、期待売上の確度が高いかがマッチングのポイントとなります。

　マッチングの両者の補完関係が成り立つ場合は、互いに想像できないような技術情報（ノウハウ、ユーザー情報）を相手方がもっていたりすることから、今後の新事業のきっかけなども生まれやすいです。そのため、シーズ側とニーズ側の補完関係が中長期的に成立するマッチングは、事業者から歓迎される傾向にあります。マッチングのカギとなるのは、両社の事業の境界線を理解することにあります。仲介者としては、両社の事業領域を事前インタビューなどでしっかり把握しておきたいものです。また、出口を意識することも重要です。お互いにどこを目指すかという焦点が定まらないと、モジュールに盛り込む機能・仕様などがまとまりません。両者の商流・販売力なども考慮して、仲介者がパワーバランスを調整することが協業への近道です。

③　要素技術の改善レベル

　最後に、個々の要素技術の性能向上を目指す改善的な技術が開発されることとなります。これは、プリンターであれば印字の解像度を上げたり、速度を上げたりするような技術に相当します。特徴としては、シーズ側とニーズ側が同じ領域で事業活動をしている場合が多く、情報も持ち合わせていることにあります。中小製造業のマッチングでは、機械加工会社が顧客から委託された高度な加工技術がなく、同業に再委託する場合などがこのパターンに相当します。この場合は、マッチングする両者の事業のバッティングを意識しないと連携がむずかしいといえます。

なぜならば、同じ技術を追究しているがゆえにシーズ側とニーズ側が一種の競合にもなりうるからです。特にシーズ側からは技術を出すことで、盗まれてしまう危険性もあるので警戒感をもつ場合が少なくありません。この状況を解決するには、事業の方向性の違いを明確にするしかありません。規模感が違ったり、客先が違ったりなど、お互いの事業領域が干渉しなければ、売上・利益的メリットがあれば連携する会社はあります。仲介者が、この点を整理してマッチングすることが望ましいです。

　シーズ側はノウハウを出したくない面があるので、マッチングに際してはノウハウの許諾範囲に注意しながら進めるべきです。また、共同で開発するような場合には、改良技術が生まれることもあります。共同特許などの知財は、仲介者が配慮しておきたいポイントです。これらの点につき、契約書や覚書を取り交わすことで文書化しておくのも、マッチングを円滑化する手段の１つです。

　上記の①〜③をみてお気づきのことと思いますが、ニーズ側の事業方向性とシーズ側の事業方向性の親和性が重要になります。事業者同士なので、最終的には売上・利益が両社ともに上がるマッチングを仲介者は心がけたいものです。そのためにも、両社の事業方向性の理解は必須です。

(2)　製造でのマッチング

　「試作品をつくってほしい」とか、「月100台の量産品製造の委託先がほしい」といった要望に対応するのが、製造でのマッチングです。これは開発でのマッチングに比べて、ビジネスとしての手離れがよい面もあり、先述したように依頼案件の「単価×数量」を明確にして、適正なレベルの仕事であるかを確認すれば問題なく進むことが多くあります。

　製造でのマッチングで、いちばん大事なのが図面です。よくあるケースが、金融機関経由で「機器の製造先を探している」という依頼を受けて、内容を聴き込んでいくと、依頼元がユーザーの立場で「こんなものがあると便

利」という構想の段階で、「図面などは何もない」という状態で「自分たちが装置販売するつもりはなく、使えるものをもってきてもらえばよい」という案件です。図面がないので、依頼先は簡単に見積もれるものではありません。見積工数をかければ対応はできますが、検討しても製造で回収できないレベルの話にしかならないことは多いです。たとえば、「プラスチック製の機器を100個ぐらい製作したいが、競合も考えて1個当り100円ぐらいに収めたい」というような話です。試算すると発注額は100円×100個＝1万円にしかならない仕事なので、そもそも打合せ代も出ないことになります。

　このようなケースでは、（製造からではなく）開発から始めなくてはならないため投資額も必要で、ユーザーの予定購入台数が少なければ、投資対効果は見込めず、最初から断念せざるをえないことになります。こういう場合は、マッチングの話があった時点で仲介者が「単価を上げなくてはならないかもしれない」と進言しておきましょう。

　特に量産効果を追求するプリント基板やプラスチック部品、加飾（塗装、メッキ）、製品包装容器といった業種は、数量で製品単価が押し下げられる事業となっています。そのため、少量のサンプルなどを依頼する場合には、初期費用（基板なら設計費等、プラスチック部品なら金型）の負担が過大となります。この点を依頼元が手当しておくことが望まれます。案件を引っ張り過ぎないためにも、仲介者が図面の有無、初期費用の負担等を確認しつつ、1次的なふるい分けをするかたちをとりたいものです。

　製造における図面の意味は理解しておきましょう。図面はやりたいことを示すスケッチではなく、発注仕様書に相当するものです。また、塗装や表面処理、配線などの客先仕様がある場合は、塗装仕様書や配線施工仕様書などの有無も確認しましょう。製造業の多くは、図面どおりに問題なく製造できるという確証があって仕事を請けます。少しでも懸念事項があると、「ちょっと自社ではむずかしい」といって断ってくることも少なくありません（これまで顧客企業とのクレーム対応で苦労してきたことの多い会社では、この傾向は強いです）。特にだれもやりたがらないむずかしい仕事などでは、なかなか

決まらないこともよくあります。こういうケースでは、リスクへの許容度を明確にしたり、金額や仕様を譲歩したテスト受注をしてみたりして、仲介者が両者間の擦り合わせをするとよいでしょう。

また、図面の細部までの検討度合いも事前に確認しましょう。詰められていなくても、出された図面を受け取った側は、「この内容を満たさなくてはならない」と意識して保険をかけた見積りをすることになります。そうすると、やりたいことに比べて過剰な見積額となり、お互いにとってメリットは出ません。この場合、仲介者が依頼元の意図を汲み取って整理することが望ましいです。QCD（品質、コスト、納期）をはっきりさせた依頼となるように誘導していきましょう。

図面のやりとりでできるレベルなのか、仕様を一緒に考えながらつくりこんでいきたいのかをまず明確にしましょう。取引先は、図面である程度の判断ができます。概算金額ぐらいはすぐに出るので、製造依頼元にフィードバックして、次の進め方を決めましょう。

こういう仲介は、図面を読めないとできないわけではありません。たとえば、「設計が固まっておらず、手直しが入ることが考えられるので、その点の対応力もほしい」といったことは、事前に取り交わした図面などの書類をみただけでは判断がつかなくことが多く、面談の場において両者の質疑応答の状況をみることで初めて、「発注者の仕様が固まり切っていないな……」などと判断がつくことなのです。

たとえ、面談に臨んだ企業が依頼元の要望に応えられなくても、金融機関が次につなげるための深い情報を収集して、次の面談に候補企業を呼べることが依頼元の信頼につながります。そうすることで、次のマッチングの依頼を受けることができ、信頼関係が継続していきます。

製造でのマッチングでは、依頼元が「複数の会社に聞いてみたい」ということが多いので、その場合は依頼元が特定されないように金融機関や支援機関が間に入ることが重宝されます。引合いをするときは、（図表8−4で示す）図面の右下に描かれている図枠中で依頼元が特定される情報を消して照

図表8−4　図面と図枠の構成の例

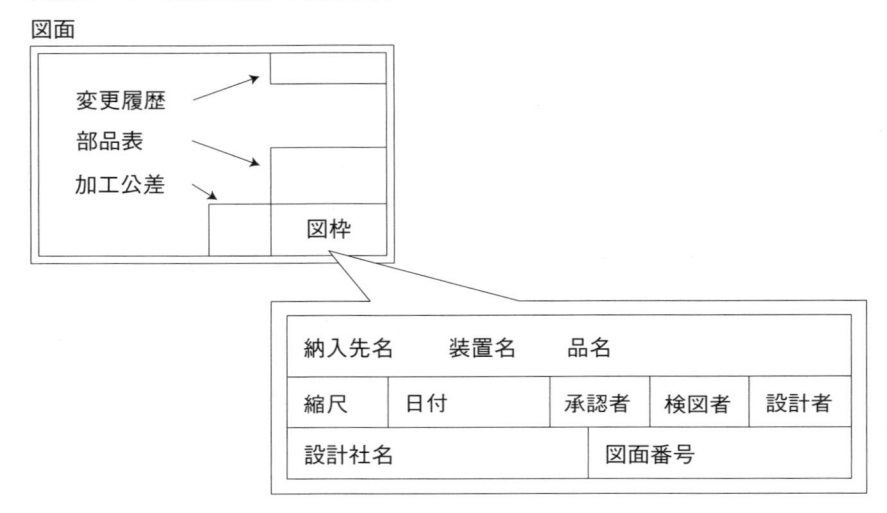

会しましょう。

　製造でのマッチングでは、減価償却の終わった古い設備でものづくりしている取引先にもチャンスはあります。そういった会社は設備投資をしていない分、製造コストが安価なことが多く、マッチングにおける価格面で強みを発揮します。こういった取引先は、一見目立たないので、強みを掘り下げてインタビューしていないことが意外に多いのですが、しっかりと強みを聴き込んで、マッチングに生かすようにしましょう。

(3) 販路のマッチング

　販路のマッチングでは、製品メーカーと販売業、そして、加工会社と商社のマッチングなどが考えられます。仲介者の立場からは、販路開拓支援に位置づけられます。販路開拓支援は、支援先のトップラインを押し上げる意味で重要なことですが、その際に注意したいのは「ターゲットをどこに置いているか」ということと「いくらの売上になるか」ということです。

それらの注意点をふまえると、中小の製品メーカーと販売業とのマッチングでは、「売り場や陳列棚をイメージしたマッチング」が求められます。ターゲットに関する注意点は、売り場のねらっている顧客層と自社開発品のターゲット層の乖離がないかということです。

　たとえば、乗用車向けに新しい添加剤を開発して、カー用品の量販店にマッチングする場合を考えてみましょう。第一のハードルとして、売り場での価格が、数百円から数千円の範囲に入ることが大事です。安さを押し出している量販店に単価が1万円を超えるものを置くことはそもそもむずかしいといえます。なぜなら販売先は、お店のターゲットとそれにあわせた売り場づくりをしているからです。量販店は、新規のコンセプトをもつ説明のむずかしい商品を扱うことを好まない傾向があり、扱ったとしても値引きやメーカー側の販売協力も相当必要であったりします。そこに対応すると、メーカー側の販売費の増大を招くことになります。そういう場合は、新たな販路の開拓やメディアでPRするなどのやり方で訴求する方法も提案できます。

　また、損益分岐の観点でメーカーと商社の意識の違いについても理解しておかなくてはなりません。メーカーから聞くことが多い意見は、「商社が真面目に売ってくれない」というものです。

　たとえば、20万円程度の小売価格のBtoB製品のケースで考えてみましょう。だいたい商社のマージンを2割程度と仮定すると、年に1,000万円の粗利をとるためには、5,000万円の売上が必要です。そうすると年に250台販売しなくてはなりません。顧客にもよりますが、おそらくそういう製品では結構な説明を伴った販売をしなくてはならず手間がかかるはずです。そうすると商社の営業マンのインセンティブは上がってきません。よく知られていて回転率の高い数千円くらいの商材や1回で数千万円の売上が期待できる装置など、手間に見合った粗利のとれるものを好んで扱います。そういった現実をアドバイスできるのが支援者に必要なことです。『業種別審査事典』などで商社のマージンを調べたり、手間のかかる製品でも一生懸命販売してくれる小規模な商社などをマッチングしたりするのが有効です。

売上に関する注意点は、販路側の意図です。卸や小売りなど労働集約的な業種は、「販売の手間をみながら販売金額を追い求める」ことをします。そのために売り場の単位面積当り（平方メートル当り）で稼げる商品なら喜んで陳列します。ネットでも粗利率の高い商品や見た目のインパクトがあり売上貢献するもの、定番で確実に売れていくものなどをそれぞれの販路の特性にあわせて選び取っています。そういった売り場の考えを尊重して商品情報提供をすることが大事です。そのため仲介機関としては、どのように売り場に並べて、どの程度の売上が期待できるかをイメージして、販売業とのマッチングに臨みましょう。よくあるのが、よい製品だから単品だけで売り場に置かせてほしいという提案をするケースです。たとえば化粧品などでも1品だけそこに置いていても数ある選択肢の1つでしかありません。そのためには目立たせること、つまり商品ラインナップをいくつかもって、ある程度の面積を占めることが必要になります。

　製造業のなかには、「受託加工だと価格が叩かれるため、利益率が高い自社製品をつくりたい」という安易な考えで自社製品開発し、ターゲットがぼやけてしまい、せっかくマッチングしても小売業等に採用されず、結局は売れないということを繰り返している会社も少なくありません。自社製品は粗利が高いかもしれませんが、バリューチェーンの考えに立ち戻ると、自社の負担する販売費用も（受託仕事に比べて）増加するため、その点の認識を促すことも金融機関の仕事です。本格的な開発に至る前に、マーケティング支援の一環として、販売業とのマッチングで売り場の苦労と生の声を取り入れることには、大きな価値があります。

　一方、加工会社と商社のマッチングでは、シーズ側にとって十分な売上につながるかという目算の確認は必要です。たとえば、シーズ側が射出成形によるプラスチック部品加工会社の場合、ニーズ側が産業用装置会社に販路をもつ商社だと、装置の出荷数が数十から数百個くらいになることが多く、部品も射出成形で対応するには少な過ぎる数になり、マッチングが成立しにくくなります。そのためシーズ側が触手を伸ばせる個数、MOQ（Minimum

Order Quantity：最小発注単位）を確認してからマッチングしたいところです。また、仮にかなりの個数が期待できるにしても、（すでに確立された製品を導入するのでなく）ゼロからの開発が必要な場合は、開発費などそれなりの初期費用がかかります。この場合は、ある程度ニーズ側で負担をすることもマッチングの前提条件となります。仲介者は、それぞれのリスクを棚卸ししつつ、初期費用の点を条件調整して、よい連携関係に持って行きたいところです。

(4) メディアとのマッチング

メディアとのマッチングは、取引先をメディアにつなぎ、PR手段の1つとして活用することを指します。販路開拓を目的にして中小企業の新しい取組みなどを新聞社等につなぎ、記事として発信することとなります。製造業の本業支援においてメディアとマッチングすることは、取引先にとって大きなインパクトがあります。活用するメディアは、新聞、放送、ネットなどさまざまですが、個々のメディアの得意分野と提供したい情報にあわせて選択しましょう。また、新聞社を一括りにせず、一般紙、産業系新聞、業界紙など種類別に読者層などの特性を使い分けて、双方にミスマッチが起きないようにしたいものです。

取引先のなかでも、特にサプライチェーンに組み込まれている下請型企業は、第三者から評価される機会が多くありません。メディア掲載によりスポットライトが当たることで、ブランド力向上や従業員のモチベーション向上につながる効果は大きいのです。実際にメディアに取り上げられたことで、プレゼンスが向上し、新卒採用に役立ったという声を聞くことも少なくありません。

ただ、インターネットを中心に情報があふれるなかで、メディアの意向をふまえつつも、自社のターゲット顧客層に到達するための情報提供を心がけたいものです。その点で、どういうメッセージをどういうキャッチコピーで

伝えるかが大事です。請け負った仕事を完遂する風潮がある製造業では、「確約できないこと」「できないことをできるということ」を忌避する傾向が強く、そのためか製造業の自社アピールに習熟しておらず、キャッチコピーをひねり出すことも慣れていないことは多いです。

　しかし、この"失われた20年"の間にものづくりの構造が変わり、特定の顧客に依存関係が成り立っていた時代から顧客基盤も変容し、会社や事業の統廃合など状況次第でいつ転注されてもおかしくない状況になってきました。さまざまな顧客群へ実力を正しく示して、生き残りをする術をいくつか備えておくことが、今後共通して求められます。

　しかし、自社の魅力は、なかなか客観的に伝えられないむずかしさもあります。そこで第三者の目を入れるのがお勧めです。メディアの取材は、その最高の機会です。たとえば、開発した新製品を新聞記事化する場面を想定すると、大抵の記者は「だれにでも理解してもらえるように」質問します。これが大勢の人の知りたいことなのです。開発した自分たちは当たり前と思っていますが、"そもそも"の経緯などを違和感なく説明しないと理解に至りません。特に技術情報など情報量のある大企業を顧客としている中小製造業では、素人相手の説明に慣れていない傾向があります。素人への説明がうまくできなければ、新規顧客開拓はむずかしくなります。非常に理解しやすいかたちで説明しながら相手の情報量のレベルを探り、深い理解へ導いていくことが新規顧客開拓につながる道筋です。メディアの取材は、その第一歩のトレーニングに最適なのです。

　一方で、このマッチングはメディアにもメリットがあります。基本的にメディアは、優良なネタ探しに困っているものです。そのネタ探しの情報提供元となれることが金融機関の大きな役割です。また、情報提供に限らず、取材への立ち会いの場面でも、仲介者の存在は有効です。筆者は新聞記者と企業の取材などに同行する機会が多いのですが、仲介者がいることで限られた時間のなかで、記事化しやすい情報を引き出すことができ、取材が円滑化することが多いように感じます。

情報提供と取材立ち会いについての進め方を具体的に説明しましょう。情報提供の場面では、仲介者が記者へ当該企業の新しいネタの概要を連絡して、取材の依頼をします。なぜ取材依頼を仲介者がするかというと、情報提供を受ける新聞記者の本音としては、「企業からの直接の連絡だと身構えてしまう」からです。信頼関係が構築されていない段階で、企業の素性は大丈夫なのか、"世界一の性能"をうたった情報を提供されても、検証のための時間を割けず、結果、情報を流してしまうこともありえます。こういう状況では、金融機関の信頼感が有効です。情報の確度の高いフィルター役となれれば、シーズ企業と取材者の双方にメリットが出ます。

　企業の側からも、取材慣れしていない企業であればあるほど、新聞記者との距離感があり、何を話してよいのかということに戸惑いながら取材の場に向かうことになります。用意した資料も専門性が高い人でないと理解できないようなものであることも少なくありません。情報提供する内容を添削する役目を金融機関が果たし、事前に記者に提供する情報を提示できることが望ましいのです。当然、販売開始後の製品であれば情報鮮度が落ちてしまうので、販売前に取材のアポイントメントをとったり、スケジュール管理をするのも仲介者の重要な役目です。

　取材の場面には、お互いのもつ情報のレベル感を擦り合わせながら、企業側がいちばん訴求したいことと取材側の求める情報を乖離のないように充てていく姿勢で臨みましょう。企業側の説明のなかで欠けているストーリーや情報などをつど補完していくことをして、限られた取材時間において理解を深めていく触媒役を目指します。企業が自社のペースで製品PRをしてしまい、記者の知りたい項目にたどり着かないことも起こります。初見の会社に対して、記者側がなかなか制することがむずかしいこともあり、また、企業側も質問者の意図を理解できないこともあるので、それらの行き違いが生じそうな局面で、仲介者が話を引き戻したりする調整をしましょう。

　新製品情報の取材では、記者から必ず求められる項目があります。それは、販売開始時期、販売価格、販売予定数量です。この点を事前準備して、

ある程度の取材のプロットをつくっておくと、的を射た取材となります。販売価格や予定数量などを出すことに対して、「無責任なことはいえない」と身構えてしまう企業も多いので、あくまで想定でありイメージを伝えるのが目的であることを伝えて、柔軟に対応するようにしたいものです。

　販売価格では、定価、販売予定価格などいろいろな表現があります。自社にとって都合のよい表現を選択して問題はありません。予定数量では、単に何万台を販売と言い切れない場面もあるので、「今後3年間で1万台」などと期限と組み合わせて表現することも1つの方法です。

　筆者が中小企業支援でかかわっている川崎市では、新聞社への個別取材のつなぎにとどまらず、市役所での記者レクや市長記者会見などにつなげることもあります。国、市の施策や支援により新製品開発をすることで、市役所の記者クラブや会見の場を活用でき、結果として単独取材の場合より多くのメディアなどに取り上げてもらえます。そういう場を活用するためには、単に自力で新製品を開発したというだけでなく、地域の社会課題を解決する取組みや、地域内や地域間連携など自治体の動きを感じさせる取組みのストーリーを付加することが不可欠です。そのほうが読者への有益な情報・ストーリーを伝えられ、結果として大きく取り上げられる可能性はあります。新聞社も単なる製品紹介ではなく、読者に知ってほしい情報を提供したいと考えているからです。

　新聞記事化すれば、マスコミの評価を得ていることで自社の製品・サービスに一定の説得力をもたらします。記事の抜き刷りなど情報の2次利用により、展示会等で宣伝をすることが効果的です。2次利用は有料になるメディアもあるので、必ず許諾方針を確認して適正な利用を心がけましょう。こういった点もルーズにしないことがメディアとの良好な関係を維持することにつながります。

　最近は、SNSやオウンドメディア（広報誌や特設サイトなど自社運営のメディア）など自社で展開できるメディアを活用する例も出てきています。専門の部署を開設して、成果をあげている大企業もあります。しかし、現状では

BtoC製品では進んできているものの、BtoB製品での活用例は多くありません。まだ、BtoBのターゲットである事業者が、そこまで関心をもってみることが少ないからかもしれません。ただ、こういった手段があることは認識して、活用の機会が出てきたら、自社のPR手段として取り込む余地は残しておきましょう。

(5) 知財とのマッチング

　知財とのマッチングについて説明する前に、知的財産について簡単に解説しましょう。知的財産は、人間の知的な活動によって生み出されたアイデアや創作物など財産的価値をもつものの総称です。創作した人の財産として保護するために、知的財産権が各国の法律で定められ、特許権、実用新案権、意匠権、商標権、著作権などが設定されています。これらは申請、審査、登録等のプロセスを経て権利として明文化され公開もされます（著作権は申請等不要）。一方で、製法など他社からの侵害確認がむずかしいものは、ノウハウとして秘匿することで保護をしています。

　特許は、日本で出願すると1年半後には公開され公知となりだれでも閲覧することができます。しかし、権利として登録しないと他社への排斥力が働かないので、審査→登録というプロセスを経て権利化をします。したがって、自社の発明を保護するには、申請から登録までの手続などのコストがか

図表8－5　知的財産権

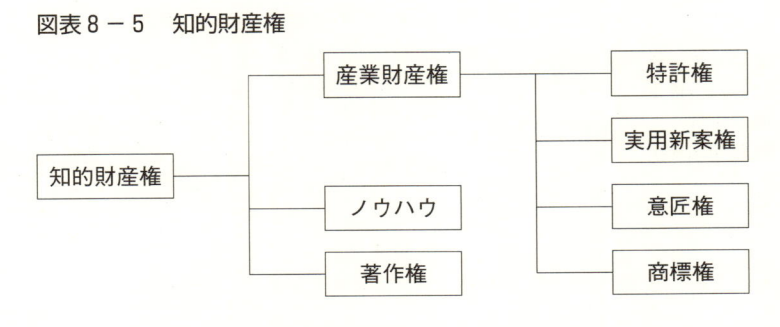

かります。新製品開発では、開発費に加え、保護のコストまでかかることから、中小企業における知財活動に新しい動きが出てきています。その1つが、知財マッチングです。

知財マッチングとは、大企業が所有する特許等の知的財産を活用し中小企業での新製品開発等を促進する目的で、行政や支援機関、金融機関等がこれを後押しする活動です。川崎市では2007年度から先駆的に「川崎市知的財産交流会事業」と称した知財マッチングに取り組んでいます。それまで、大企業の開放特許群は中小企業にとって宝の山であるものの、情報が行き届かず、技術移転事例は多くありませんでした。そこで図表8－6に示すように行政、支援機関、金融機関等が触媒役を務めて、開放特許活用を円滑化するべく取り組みました。2019年現在では、全国20以上の自治体へと広がりをみせ、製品化等の支援も含めたハンズオン型の知財マッチングを進めることで、成果があがってきています。

筆者は、2008年より川崎市の事業に知財コーディネータとして参画していますが、この間で成約企業や地域全体の活性化につながっていることを実感しています。代表的な支援の成果である、成約や製品化のニュース発信によ

図表8－6　川崎市での知財マッチングスキーム

知的財産

大企業 「知」	川崎市 川崎市産業振興財団 知的財産コーディネータ	中小企業 「技」
○特許権の実施許諾 ○ノウハウ提供 ○技術指導 ○販路開拓支援	○知的財産交流会の開催 ○マッチングの調整 ○契約交渉の代行・支援 ○製品化・事業化支援 ○資金獲得支援	○新製品開発 ○新規事業への進出 ○技術の高度化 ○製品付加価値の向上

対価

（出所）　川崎市産業振興財団、川崎市役所、知的財産交流会　紹介資料

るプレゼンス向上、従業員のモチベーション向上、技術力向上などを通じて、個々の企業が自信をつけたことが大きいように思います。

　ここから簡単に知財マッチングのプロセスを説明します。知財交流での成約のカギとなるのは、ほかのマッチングと同様に擦り合わせ度の高いマッチングをすることにあります。

　支援者が関与していく知財交流のプロセスとしては、①事前ヒアリング、②出会いの場の創出、③両者間の交渉支援、④ライセンス契約支援です（これらの前段として、知財提供する大企業に対してのシーズ選定支援や説明資料作成支援もありますが、多分に専門性が求められるため本書での説明は割愛します）。各プロセスの進め方は、次のとおりとなります。

① 事前ヒアリング

　知財マッチングの成功要因の1つとして、「大企業のシーズと中小企業の強みがマッチングしている」ことがあげられます。そのため中小企業へのインタビュー項目でいちばん重要なのが、会社の強みです。経験値からは、中小企業の強みに合致し、事業化しても継続できそうなシーズ（できれば発明者の思いが明確なもの）を紹介した場合の成約確率が高いといえます。そのため金融機関や支援機関の「企業をよく理解している」強みが発揮され、成果を生みやすい施策となっているのです。

　会社の強みは、多岐にわたります。STEP 3 やSTEP 4 で示したように、技術力の強みだけではなく、保有する商流、経営者のキャラクターや機動力、工場の設備やそれを駆使する従業員など多面的に把握しましょう。いかにすでに保有している技術が優れていても、これからの製品化のための投資に躊躇するようであれば、成約は望めません。ライセンス・事業化に向けてのハードルを一つひとつクリアして、つなげられるかについてヒアリングを通して見極めておきましょう。

　事業内容が把握できた後は、支援側から知財マッチングの仮説を提示すべきです。具体的には、事前に会社情報を調査したうえで仲介者が把握している範囲で有効と思われる知財シーズを数件抽出して、ヒアリング時に提示す

ることとなります。それに対しての経営者の反応をみることも大事です。

② 出会いの場の創出

取引先がシーズ情報に興味をもち、直接大企業から説明を受けたいという希望が出たら、面談に移行します。その出会いの場としては、オープン型交流会、クローズド型交流会、個別マッチングの3種類があります。

1つ目の「オープン型交流会」は、金融機関等が主催し中小企業からの参加者を広く募って、複数の大企業が多数の中小企業にシーズプレゼンテーションを実施する形態です。プレゼンテーションの後は、個別面談を設定する場合も多いです。①の事前ヒアリングをせずに、いきなりオープン型交流会に勧誘してしまうかたちもあります。シーズ説明と面談を一気にできることから順調に進行すると比較的早く話がまとまりやすい傾向はあります。また、金融機関にとっては、多数の中小企業が参加するため、個々のシーズの反応を知ることができるというメリットがあります。広く周知することから、金融機関の存在感向上には影響力が大きく、知財マッチングの取組みを普及するためのイベントとしての側面は重要です。その半面、擦り合わせ度が高くなくなると、イベントそのものがマンネリ化してしまい、中小企業の出足も鈍り、大企業の参加意欲が低下することにもつながります。いずれにせよ擦り合わせ度の高い集客活動を継続することは必要です。

2つ目の「クローズド型交流会」は、大企業1社が少し属性を絞り込んだ複数の中小企業を対象としてプレゼンテーションや個別面談などを設定する形態です。地域の工業団体や業界団体、金融機関が、関連事業者を集めて開催するかたちが中心です。また、大企業の要望をふまえて、特定技術分野の企業を行政や支援機関で集めて開催することもよくあります。シーズに関連する企業群を対象とするため、オープン型に比べ、より中身の濃い面談ができる確率が高まります。

3つ目の「個別マッチング」は、提示された技術シーズのなかから、金融機関等の担当者や知財コーディネータが特定したライセンシー（許諾を受ける側）候補と直接1対1でマッチングする形態です。その擦り合わせ度の高

さから、個別マッチングでのライセンスの成約確率は高くなっています。

　まだ知財マッチング自体の認知度は高くないため、取り組んでいる各地域や機関では、これら3種類を組み合わせて、事業そのものの普及とライセンス成約等の成果づくりを並行して進めているのが現状です。

③　両者間の交渉支援

　大企業の技術を自社で活用するには、中小企業への知的財産権の譲渡や許諾（ライセンス）が必要となります。知財マッチングでは、大企業の知財の防衛効果の活用や関係性継続のため、知財の譲渡はねらわずに、実施許諾契約を結ぶよう進めています。シーズがいかに優れていても、大企業と中小企業が1回も会わずに知財が実施許諾されることは、まずありません。中小企業にとって製品化・事業化は、リスクがある取組みだけに、導入知財の検証は慎重に行われ、技術的な裏付けがあるかの確認や実施状況を把握するためのサンプルの確認などが重要な過程となります。

　交渉に臨むにあたって、仲介者は、中小企業のプランを把握しなくてはなりません。仮に対象シーズがうまくマッチングしなくても周辺特許のマッチングなども考えられ、そういった展開も含めた交渉を進められるかが腕の見せ所です。そこまで考えてはじめて、大企業との面談時に「周辺特許に使えそうなものはないか」と具体的なニーズを引き出すことができます。それに対して大企業が再度シーズを提示し、次回面談につなげることとなります。こういった"情報のキャッチボール"を数回経ることで、当初提示したものとは異なる特許で成約に至った事例もあります。中小企業がリスクをとって進める取組みなので、あるものに飛びつくのでなく、納得いくまでシーズとニーズを発掘できるかが、事業化成功のキーポイントです。

　また、定性的な表現ですが、マッチング相手との方向性をそろえることも成功へのキーファクターです。意識をそろえるにあたって、交渉中はよい雰囲気づくりが大事で、その役を担うのは仲介者です。これは、マッチングを重ねていくことで、体得できる面が強いので、億劫にならずに取り組むべきです。

1つ注意したいのが、中小企業がユーザーとして、技術シーズに興味をもった場合です。ライセンス契約自体は、知財を活用した製品の製造、販売、使用を許諾するものなので、使用することに問題はないのですが、支払うライセンス料の費用対効果を考えると成立しがたい面があります。また、実施料（知財権の保有者へ支払う対価）の算定もむずかしくなります。

　例として、大企業の画像に埋め込む識別コードの特許を、中小製造業が自社工場での工程管理に使いたいと希望した場合は、一時金などの実施料を払って不慣れなシステム開発・製作もしなくてはならず費用もかかります。自社で使う数が十分にあればメリットは出ると思いますが、そう多くないでしょう。こういう場合は、画像システムを得意とするIT会社のようなライセンシーを見つけて、そこがシステムの製造・販売事業を進めて、そのユーザーに販売するかたちが望ましいでしょう。いずれにせよ、ライセンスの費用対効果を金融機関の目線で評価し、取引先へアドバイスするのも、効果的な支援の1つです。

④　ライセンス契約支援

　技術移転の内容と対象知財が定まったら、契約手続に移行します。ここでの仲介者の重要な役割は、条件および条文の調整です。契約条件については、ライセンス料が主要な調整事項となります。中小企業のほとんどがライセンス未経験であり、ライセンス料の相場感はもっていません。金融機関の担当者やコーディネータが中間に入って、大企業と中小企業双方から直接相手に言いにくい要望を調整しながら伝達して、継続可能な関係を築けるよう仲立ちすることが望ましいです。

　契約書条文はひな型をベースに調整します。大企業から出てくるライセンス契約書のドラフトのなかには、極端にライセンサー（許諾を与える側）に有利なものもあります。契約書はフェアなものであるべきで、その点を反映した契約書案を提示し、大企業へ理解を促すこともあります。フェアさは中小企業にも求め、人員に余裕のない企業にとっては負担となるライセンス製品の実績報告等の項目であっても、ライセンシーの責務について説明して納

得を得たりもします。取引先への契約書特有の用語の解説なども支援内容の1つです。

　ここで、実際に開放特許を活用して、事業化を進めた企業事例を紹介します。結果として、いままでとは違った企業ネットワークを構築できたり、メディアをフル活用して知名度が向上したりといった会社に変化がみられた事例です。

■建設大手Ｂ社と中小開発グループＹの事例■

　これは、大企業の構想を中小企業がかたちにした事例です。製品化したものは、デジタルカメラ用の照明架台です。

　建設大手Ｂ社では、建築物の屋根裏や床下などの点検を目的にφ100mmほどの点検口から市販の360度カメラを挿し込み、撮像することを考えていました。しかし、屋根裏などの暗い場所では、十分に点検ができなかったため、Ｂ社では360度を照らせる照明架台の特許、商標を出願しました。自社内や建設業界で要望があったため、３Ｄプリンターでつくった基台に市販品のLEDライトをネジ止めして製作・販売していました。しかし、市販品を使ったため、撮影画像や使い勝手に課題が残るものとなっていました。

　そこで、Ｂ社は製品のバージョンアップをするべく、知財マッチングのスキームでの開発・製造パートナー探索を開始しました。いくつかの中小企業に打診しましたが、想定していた量産数が少なく投資回収が見込めないため難色を示した企業もあり、候補探しは難航しました。

　そうしたところ、手をあげたのがものづくり企業３社のグループＹでした。Ｙの３社は、それぞれが産業用制御装置等の製造を手がける小規模事業者で、新分野の事業開拓を目指し福祉製品の共同開発をした実績がありました。Ｙには、アイデアを出し合いながら、使い勝手のよい製品を開発できる強みがありました。それまでLED製品に携わったことはありませんでしたが、豊富な経験をもつＹの設計担当者が「これならできそう」という確信のもと、ひとまず打合せに参加しました。

初回打合せでは、Ｂ社の発明者が製品化にかける想いと技術的な要素を伝えました。いまだからいえる話ですが、Ｙのメンバーは半分断る気持ちで打合せに臨んでいたようです。ところが発明者の情熱と製品のおもしろさに興味をもち、試作する運びとなりました。Ｂ社の紹介で大口ユーザーも巻き込み使い勝手の検証をし、合計４回ほどの試作をして製品化に至りました。結果として、Ｂ社とＹで発明した新しい形状について実用新案を出願し、基本特許と商標をあわせてライセンスを受け、Ｙで事業化しました。件の大口ユーザーとの数百台の受注契約も決まり売上が立ち、投資回収もできました。Ｙの各社にとって新しい分野進出の足掛かりとなっています。

　一方で、Ｂ社にも中小企業との連携でメリットが出てきています。中小との連携ノウハウが築かれたことも大きく、その後に複数件のオープンイノベーションにつながっています。知財マッチングは、大企業の開発を加速化し、地域のネットワークを強固なものにしていく可能性を秘めています。そのハブ機関としての金融機関の役割は大きく、地域でのプレゼンス向上には大きな効果をもたらします。

　知財マッチングについては、本業支援の一環として、少しずつ取り組む金融機関が増えてきています。川崎信用金庫は、知財マッチング活動について内閣府から「平成28年度　金融機関等の特徴的な取組事例」の表彰を受けました。「大企業の知財を活用する」知財マッチングは、中小企業に「大手が開発した宝を発掘できる」というイメージを喚起するため、取引先の関心も強いようです。そのため本業支援の強力なツールとなりうるものです。

(6)　施策とのマッチング

　公的施策を活用するためのマッチングも強力な支援ツールの１つです。施策とのマッチングというのは、言葉の使い方としておかしな印象をもたれるかもしれませんが、施策を支えている人たちとのマッチングが活用のために

は重要であると考えて、あえてマッチングの1つとして紹介します。

　このマッチングは、国や自治体の開催するイベント情報の提供や技術開発の補助金などの活用支援を指します。具体的な支援内容としては、国、県、市など、それぞれの補助金要件をふまえたうえで、活用可能な制度の紹介や申請書の添削などを行っていくことになります。2018年度の中小企業・小規模事業者関係の当初予算は、1,800億円弱となっており、そのほかに各自治体の中小企業振興のための予算が設定されています。

　これらの公的施策を利活用して、中小企業が新事業創出などリスクある取組みに積極果敢に邁進できることは理想形です。しかし、支援機関に携わっている身としては、現実として中小企業にこういった施策が伝わっていないと感じます。また、残念ながら金融機関でも、営業店の担当者層となると（ものづくり補助金などの予算規模の大きいものは除き）施策体系を理解して使いこなしているケースは多くないように思えます。その理由として、「補助金の支援をしても個人の成績を左右する融資にはつながらない」という判断が先に立っているのではないかと筆者は感じています。

　そこで提案したいのが、公的施策に対する見方を変えることです。たしかに直接的に融資にはつながりません。しかし、そういう短期的な関係性だけを求めるのではなく、金融機関として取引先と長期安定的な信頼感や関係性の構築をするうえでは、重要な取組みに思えます。不透明な景況感のなか、中長期的な見通しでリスクをとって投資をしていくことが、取引先には求められるはずです。事業投資や開発の失敗などへのリスクを少しでも軽減するため補助金を活用し、その成功時の成果の刈り取りができるようになった段階で運転資金需要をほかに先んじてとらえて、融資をつけていくというビジネスモデルを選択するほうが期待値的にも有効ではないでしょうか。製品化したものが売れなければキャッシュアウトだけになり、損益計算書やバランスシートを傷めてしまい、総資産の大きくない中小企業においては取引金融機関の評価も下がることにつながります。加えて、事業化したときの製品開発、マーケティングの費用や期間も考え合わせて回収の見込みを立てること

は困難なため尻込みしている中小企業は少なくありません。

　補助金の支援をすることのメリットの１つとして、会社の事業計画を確認できることがあります。今後の方向性を聞き出せるチャンスとしてとらえ、ターゲットや横展開の可能性、課題、技術ロードマップなどを補助金の申請書作成の過程で一緒に考えることが真の事業性評価になると思えます。何のきっかけもなく「事業計画を立ててみましょう」と金融機関が提案しても「ハイそうですか」と二つ返事で進める企業は少ないでしょう。補助金がもらえるからこそ考える面は否定できません。しかし、この作業を進めるなかで「補助金対象となる機械を導入できれば、自社だけで最終加工まで完結でき、下請会社から脱却して、メーカーになれますね」といったアドバイスや、それによる気づきが大事なのです。

　ここで補助金制度を利活用して、中長期的な会社の方向性を強化してきた事例を紹介しましょう。

■墓石卸売業Ｃ社の補助金活用事例■

　墓石卸売業のＣ社は、業界のなかでは後発の会社です。進取の気性に富んだ社長に率いられたＣ社は業界のイノベーターとして、段ボールで墓石を梱包したり、地震の揺れを低減する金具を開発したりと、独自に新しい取組みを進めてきました。創業して10年ほど経過した時に、金融機関の紹介で自治体の支援担当者と出会い、公的施策の活用支援を受けるようになりました。そこからは支援担当者のアドバイスを受け、デザイナーとのマッチングイベントへ参加して新商品開発につなげたりしました。

　Ｃ社の展開を大きく変えたのは、５年計画で国の補助金を活用したガラス製の墓石への取組みです。昔、ヨーロッパでみたガラスの墓が社長の心のなかにずっと残っており、「いつかガラスで墓をつくりたい」という気持ちを持ち続けていました。しかし、伸びているとはいえ、当時の売上規模に比べて多額の開発費がかかることはわかっていました。また、開発に成功しても新しいカテゴリーの製品をPRすることも必要になります。また、社員数も

多くはなく、人的な負担も少なくありませんでした。

　その思いを実現につなげたのが、国の補助金制度でした。やってみると申請から多数のガラス職人を巻き込んだプロジェクトは、大変な負荷がかかりました。しかし、主担当であった優秀な社員が頑張ってくれたことで、いくつか客先である小売店に預けられるサンプルもできてきました。

　また、会社の規模からは、考えられないレベルの広告宣伝を打つことができました。こうして着実に販売数が伸びていきましたが、まだ会社の屋台骨を支える売上にまではなっていませんでした。ここまでは想定の範囲かもしれません。しかし、やってみて大きな効果を感じることができました。

　当時、為替の変動が大きく、円安に振れたことで、墓石業界にも打撃がありました。中国からの輸入が主となっている墓石業界では、為替の影響を受けやすく業績が変動します。中国の優秀な提携工場と契約できたことで業界内での強みをもっていたＣ社でしたが、中国材では他社に対する本質的な差別化はむずかしく、他社同様に為替の影響が業績に影を落としかけていました。

　しかし、ガラス墓石に取り組んでいたことで、業界の波を受けずに進むことができました。その独自性から全国から指名買いとなり、付加価値も高かったことで経営に安定性をもたらしたのです。また、積極的な広告宣伝ができたことで「ガラスならＣ社」というイメージが全国に伝わり、いまではガラスがほかの仕事も呼び込むようになっています。

　こういった前向きな取組みをしたことで、次の長期的な計画を考える余裕ができました。そのなかから実行に移した計画が、スマートフォンアプリの開発でした。これも国の補助金を活用して開発しました。墓石卸がアプリというのは意外性がありますが、ビジネスの本質に考察を深め、「墓にはだれでも知ることのできる住所が定まっていない」ということが着眼点となり、立ち上げました。小売店と連携して墓に番地をつけることで、墓参者へのナビゲーションとそれに伴う献花やクリーニングなどの関連ビジネスでの売上を期待して開発しました。

しかし、これも実行してわかったことですが、このアプリには関連事業者とのビジネスツールとして活用できる広がりがありました。1基の墓を建てるのに、測量なども含めて10近い関連事業者がかかわりますが、各事業者には墓所の特定が強いニーズとしてあることに気づきました。戒名を掘り間違えたら大変な損失になるため、防止できるツールとして、現在は関連事業者の強い支持を受けながら普及を進めています。

　このようにC社の成長には、リスクがありながらも先んじて新しい取組みをしたことが支えとなっています。そこに大きく貢献したのが、補助金制度の活用です。ここまで至るには、自社単独での展開ではむずかしかったでしょうし、できたとしても同じ期間での実現は不可能であったでしょう。リスクはありながらも先行者として進めたことが、結果として競争優位性を確立することに大きな貢献をしました。補助金を活用したことで、金融機関はそれほど大きな設備資金の融資機会を得られなかったかもしれませんが、企業としての実力がついて売上が上がったことでの運転資金需要は確実に増えています。こういう元気な地域企業の事例が増えてくると、結果として金融機関の中長期的な経営の安定化に貢献してくるはずです。

　公的施策活用については、STEP 7で示したように、補助金活用以外にも、先の知財マッチング、海外展開支援など多くの制度があります。営業店の担当者層にも本部からつど情報提供して全体として活用できることが望ましいです。ただし、手取り足取りの"程度"には注意しておきましょう。本業支援は、自立化支援でもあります。中小企業から「申請書が書けないので、かわりに書いてほしい」と寄り掛かられることは断るべきです。金融機関や支援機関は、申請書の代書屋ではなく、支援や手引をする組織です。採択に必要なポイントを伝えながら、取引先の書く力、伝える力を向上させることを目指し、新規顧客へ正しく自社の強みを説明でき、外へ出ていくことが怖くなくなるような"自立化状態"につなげていきましょう。

　マッチングの観点では、施策を所管する事務局の担当者との関係性は、押

さえておかなければならない項目です。STEP 7でも示しましたが、事務局とコミュニケーションがとれることで各施策の意図への理解は進み、適切な施策を選定することが可能となります。また、取引先も自治体などの事務局とのコミュニケーションがとれることで有益な情報が入る体制もできてきます。このように施策だけでなく、そのバックにある情報や担当者とのマッチングまで意識しておきましょう。

(7) 地域間のマッチング

　最近は、金融機関の地域間連携をよく目にします。地方銀行では、複数行で包括連携協定を締結し、商品・サービスの共同開発や拠点の統合や共同運営などに取り組んでいます。また、信用金庫では、近隣ないしは離れた地域の金庫と連携協定を締結して、商談会への相互乗入れなどの動きがみられます。また、日本国内に限らず、海外とのマッチングなどにも動き出している金融機関もあります。今後は企業情報管理などの問題をクリアしながら、それぞれの取引先のマッチングなども進行していくでしょう。

　地域間連携のメリットは、どんなことにあるでしょう。その答えは、地域の産業特性の補完です。金融機関が拠点を置く各地域には、それぞれの産業特性があります。地域外の人間が行くと、各地の特徴がよくみえてきますが、地元の方々が意外に気づいていない強みもあったりします。特に、地域に集積している産業分野は、他地域と比較しないとみえてこないこともあります。また、その一方で、強みの裏返しとして弱い産業分野も存在します。地域間でマッチングの機会をつくり、補完関係を構築することで、マッチングの対象先を拡大していけば、さまざまな案件への取りこぼしが少なくなります。

　ここからは、地域間マッチングにおいてのポイントを解説します。補完というキーワードで、以下3つのパターンを掲げます。

① 販路補完

　製品メーカーと販売店などの間で地域を越えてマッチングさせる形態です。顧客の集中した地域へ展開していくかたちとフランチャイズ式で広い地域へ展開していくかたちの2つがあります。

　顧客の集中した地域への展開としては、発掘した地域産品の販売先として商圏人口の大きな地域へ持って行くことがあげられます。たとえば、首都圏であれば市場のパイは大きいものの、「目新しい」地域独自の産品（たとえば名産品的な食品や工芸品）の供給量は追い付いていません。すでに百貨店やショッピングセンターなどで「○○県フェア」などが一般消費者向けに開催されていますので、そこへつなぐ機能として、バイヤー向けに各地のこだわりや伝統を伝えられるような産品の展示商談会も金融機関連携で進められるとよいでしょう。

　フランチャイズ式の展開としては、塗装や特殊な工事方法を各地域に地盤をもつ代理店、施工店へ広めて全国的な展開を目指すことがあげられます。たとえば、首都圏で工事方法を開発したエンジニアリング会社があれば、地場の建設工事会社などのうちクロスセル（関連商品として顧客へ購入を促す）できそうな事業領域の近い会社とマッチングすることです。マッチングする際は、事業バッティングしないか、経営者がフランチャイジーなどを望むかなど事前に情報収集しておくことが必要です。補完関係が成り立たなければ、ライバルとなる可能性もあるので、この点は慎重に確認しましょう。

② 強みの補完

　STEP 3とSTEP 4で示したように、強みにはさまざまな観点があります。地域間のマッチングで活用できる強みは、対応業種の幅広さであったり、地域密着力であったりします。強みの補完をするにあたっては、自分の地域と相手の地域の強みを認識することが第一歩となります。この点は、仲介者がしっかり認識をして、よく利害調整すべきです。

　具体的なマッチング内容としては、地域の産業特性に起因する対応業務内容の補完、ローカライズ（現地化）機能の補完などがあげられます。

対応業務内容の補完に関する具体例を紹介しましょう。

■自動車整備機器製造Ｄ社とLED製品製造Ｅ社の地域間連携事例■

　自治体間連携から発展し、富士宮市のＤ社と川崎市のＥ社が共同で、自動車整備用リフトのセッティングツールを開発し、商品化した事例です。

　富士宮市と川崎市は、連携協定を締結し、中小企業支援での連携活動を進めていました。その一環で、地元の富士宮信用金庫の職員も加えた企業訪問活動「広域出張キャラバン隊」で、自動車用整備機器などを製造するＤ社を訪問しました。その時に新商品開発に向けた技術的課題の相談を受けました。

　その課題とは、製品化に向けた開発を進めるにあたって、パートナー企業が近隣に見つからないため滞っているということでした。富士宮市には自動車業界に関連した事業者が数多く立地していますが、新製品に組み込みたいLED製品を得意とする開発会社とは付き合いがなく、探してみても近くには見当たらない状況で開発が進んでいませんでした。

　その相談を受けたときに、筆者は川崎市のＥ社で対応可能だと考え、すぐにマッチングしました。Ｅ社は、LED製品を自動車用アフターパーツとして商品化した実績が豊富で、コスト低減策に長けており、Ｄ社の求めることにマッチした会社でした。翌週にはＤ社担当者に信金職員も同行して、Ｅ社で打合せをし、その場でアイデアの提案もありました。それはＤ社の求めていたもので、すぐに試作品も完成し、検証も進み製品化できました。

　Ｅ社は、Ｄ社のスピード感のある動きに、一緒に進んでいけるパートナーとしての関係を築けるという確信をもち、単なるマッチング以上の効果がみられました。結果としてよい補完関係ができ、両者は次なる商品開発課題を共有して、その後も共同開発が継続しています。

　ローカライズ機能の補完については、海外製品・システムを日本で展開するときも同様ですが、その土地の風習や言語にあわせたかたちに変えていく

ことが求められることがあります。たとえば、性能のよい電気機器をローカライズして寒冷地仕様にするにしても、凍結防止などのノウハウは現地の工事会社のほうが強いことがあるので、補完関係が成り立ちます。現地での展開以外に、設計へフィードバックできるノウハウがあることが強みとなっているのです。

　特に外資系のメーカーでは、日本国内向けのカスタマイズ、メンテナンス体制などに困っているところも少なくないので、小回りの利く中小企業とマッチングするチャンスはあります。金融機関や支援機関は、外資系企業とのネットワーク構築も視野に入れておくとよいでしょう。

③　同業間の補完（量産移行など）

　各社の製造規模を補完するのが、この連携のねらいです。製造コストを低減させる目的で新興国での製造を選択していた大手製造業のなかには、品質・納期・コミュニケーションの点で国内製造にメリットがあると判断し、国内製造への回帰を進めている会社も少なくありません。

　しかし、この失われた20年で、量産の減少した国内の中小製造業の事業基盤は変容し、生産量の対応範囲は狭まってきています。各社は、生き残るために得意なことに特化する傾向が強くなっています。たとえば、首都圏には、大規模な生産拠点が確立できないため、量産対応はせず、試作開発専門対応をする小規模事業者が集積しています。また、郊外に目を移すと、自社の既存設備で稼働率が最適化するような、業務用などの特定業界向けに特化した中量産対応事業者などもいます。そのため、地域ごとに対応する生産量の範囲が区別されてきています。

　このように単一の地域では、ちぎれてしまったサプライチェーンを補完できるのが、地域間連携です。その地域での平均的な人件費を頭に入れておいたり、ヒアリングしたりしながら、マッチングで要求される生産量をふまえて、地域間でマッチングできるとワンストップ化が進み、案件の取りこぼしが少なくなります。試作や少量製造の得意な地域で開発案件を受けた場合、量産移行する段階で連携地域を紹介すれば、そのままワンストップで継続で

きます。逆に、すでに量産している案件で納入数量が減るような場合は、少量になったら他地域に製造移管することも可能です。

本業支援の次のステージ

　本章では、本業支援後について解説します。個々の企業へ本業支援を積み重ね、その数が増えてくると、地域全体が変わってきます。地域金融機関に蓄積されるノウハウも増加すれば、打ち手も増えてきます。つまり、地域の企業、金融機関、それらの関係性が変わり、あり方そのものが変わってきます。そこまでたどり着くには、大変なパワーも必要です。本業支援を定着させるための視点と成果を常に意識しながら取り組んでいくことが求められます。本章では、金融機関担当者のキャリアについても触れながら、その点に言及します。

　Ａさんの支援した企業の数が増えてくると、地域への波及効果が期待できます。本章では、本書の結びとして、本業支援の結果としての地域への効果について述べてみたいと思います。

　地域金融機関は、「地域から逃げられない」という覚悟のもとで事業をし、その姿勢が取引先との信頼関係の礎となっています。そのため本業支援などを通じて地域貢献をしていくことも求められてきます。しかし、一方でオーバーバンキングと呼ばれる状況下で、なりふりかまわず金融機関自身の生残りを追求することはやむをえないでしょう。現実として、地域貢献と自社の生残りを両立する困難さで、大胆な施策を打てていないところが多いのではないでしょうか。

　そこで考えていただきたいのは、個別の支援企業が増えてくると、群になって地域全体のトップラインを押し上げていくことです。地域企業全体のトップラインが押し上げられることで、運転資金需要も押し上がります。特に世界的に優位性の高い日本の製造業では、トップライン向上の適切な道筋をつけてあげれば、世界を相手にした売上規模拡大がねらいやすいといえます。日本の中小製造業には、まだポテンシャルがあるものの伝わっていないことが多く、可能性はあります。このようなトップライン支援は金融機関の収益を上げる取組みですが、このほかにも取引先との人材交流などコストダ

ウンに資する取組みもあります。本業支援により取引先の事業ノウハウを把握することで、金融機関自身の経営成績向上へつなげる取組みをここでは紹介したいと思います。

1　個別企業から地域全体への展開

(1)　製造業の産業集積を明確化

　先述のように、多くの金融機関で製造業の業種比率は、特段高いわけではありません。重点的に支援すべきかという疑問が生じるのはやむをえません。ただ、国際競争力の高さが残っている日本の製造業であれば、海外への展開や人材の受入れなどの広がりが期待できます。サプライチェーンに多くのプレイヤーが関係してくる波及効果は大きいですし、そうして獲得してきた外貨が日本国内に落ちて、不動産や建設など他業種へも影響を与えていきます。また、企業城下町の名残なのか、各地域には地場の有力大手に倣った特定技術分野の下請企業群がそろっています。そのため提案したいのが、「製造業の産業集積を生かす」視点です。

　個々の本業支援により金融機関には、取引先の強みが集積されてくるはずです。特に製造業では、対応内容や保有設備に依存して、強みが細かく分かれています。それらを集積すると、地域での製造業のポートフォリオマップが描けます。そうすると自分の地域の強みがみえてきます。その特化した強みをもって関連する大企業などにアピールすることができます。たとえば、大手重電メーカーの企業城下町では、それに付帯して大型構造物の製缶業、保守会社などが立地します。そういう企業群が地域の資源として存在することをシティーセールスの一環として、他の重電メーカーのある地域などに売り込んでいくこともできます。少なくない数の中小製造業が廃業を選んでいる現在、それを補てんできる存在は重宝されるはずです。

　地域産品商談会なども最近は開催されていますが、分野等の絞りがなく、ターゲットが広がってしまい、集客がいまひとつのイベントもみられます。

適切なターゲットに届かせるためにも、地域の強みを際立たせて、地域全体をセールスすることが求められてきます。

(2)　地域の事業者のハブ機能

　ハブとは、もともと技術用語で、自転車等の車輪の中央部でスポークなどと連接している部分を指しますが、最近ではそこから転じて、中心や中枢といった意味合いで使われる言葉です。(1)に示すように金融機関が地域を代表するハブ的な機能を果たすことは有用です。筆者の知る限り、大企業がマッチングを依頼する場合に意外に金融機関に問い合わせることは少ないように思えます。というのも、大企業は金融機関が企業の詳しい技術などを知らないだろうという認識をしているからです。そのため、金融機関は、「自分たちが地域のハブ機能である」ことをより積極的にアピールすべきでしょう。まずは、地域を活性化する存在として目立つことです。

　地域を活性化する存在として、最近目立つのが鉄道業です。人口減少のあおりを受けやすい鉄道業では、地方創生に向けて特徴的な取組みがみられています。千葉県の銚子電気鉄道やいすみ鉄道のように地域産品販売や観光列車を打ち出すことで、メディアに露出し、結果的に地域に観光客を呼び込むことができている例があります。金融機関が地域のハブとなって、頑張る事業者とその情報が集まっていく存在になれば、地域は動いていくでしょう。

　ハブとして地域での存在感が上がったり、取引先の事業に深く入っていけたりするようになれば、取引先の従業員に対してのプレゼンスも向上します。実際に筆者が金融機関と協調してかかわった本業支援先では、支援の過程で従業員と接する機会も増え、住宅ローンや資産運用などの相談も受けるようになり、担当者の数字が上がったケースもあります。地域のハブ機関として存在感が上がることで、お金に関する相談をいちばんに受けられるメリットが期待できます。

2 支援ノウハウによる利鞘の確保

スコアリングで表面的な点数をつけることに拘泥せず、事業の可能性やそれを実現するマネジメントサイクルを回すことを支援することが金融機関のビジネスモデルの根幹にある「信用コスト」で利を得ることにつながります。具体的には、貸倒引当金を積まなくてもよいこととなるでしょう。

昨今の報道でも伝えられているとおり、労働者人口が減少することで地域金融機関の市場規模は小さくなることは否定できないでしょう。ただ、縮まる既存市場が地域金融機関の脅威ではありません。むしろ決済手段や資金調達手段が多様化することが脅威でしょう。スマートフォンがフィーチャーフォンを駆逐したように、新しい決済手段や資金調達手段が出てきて、地域金融機関を通過しないで決済や資金調達が行われてしまうことも増えてくるかもしれません。地域金融機関ならではの付加価値やサービスを訴求していかなくてはならないでしょう。ICT技術が発達して、個々の顧客と事業者が直接つながるようになってきました。そのため顧客から支持されないサービスは淘汰される傾向は強まってきています。まだ勝負のついていないうちに、その金融機関独自の強みのあるサービスを付加して、顧客から選ばれる金融機関としての存在感を確立するべきではないでしょうか。

(1) 人件費に見合ったサービス提供

金融機関では、提供するすべてのサービスに「落ち度があってはいけない」という減点主義的な意識が強く、必要以上にマンパワーがかかっている面もみられます。たとえば、金融機関主催の講演会やセミナーでは、かなりの社員／職員を動員して、役職者がエレベーターボーイをしているなどということも少なくありません。

しかし、競争環境が変わりつつあるなか、落ち度をなくすことで差別化ができるようには思えません。金融機関の商品（といわれているもの）は、"お金"という色のない財で、本質的な差別化がむずかしいことはいうまでもありません。努力や根性で狩猟型の営業攻勢をかけていくのは、経済が右肩上がりの時代はよかったかもしれません。これから右肩下がりの経済情勢が進むなか、限られた獲物を獲り合うのではなく、農耕型のように種まきをしなくてはならないのかもしれません。いわゆる「育てる金融」として、事業者の事業を支援して売上拡大に結びつけ、運転資金需要をつくりだすことが必要でしょう。

　そこで人件費に見合ったサービス提供が必要となってきます。個々の担当者の支援能力を向上させるのは大事です。ただ、一朝一夕には進みませんし、金融機関の課題である頻繁な人事異動がその妨げとなります。人事異動があるなかで支援を進めるためにも営業店内での引継ぎや情報共有がキーポイントとなります。

　事業性評価や本業支援を進めるにあたっては、いま以上に内部での話合いの場をもつことがよいでしょう。どういう切り口でどういう支援をして資金需要をつくりだすかなど、みんなでワイワイ考えることがお勧めです。自分だけでは答えが出なくても、衆知を集めて工夫することで何とかなることも多いのです。

　川崎信用金庫のある支店では、取引先の酒店が地元産の米でつくったお酒を新商品として発売する際に、支店内で試飲会を（営業時間外に）開き、キャッチコピー、PR作戦などの支援策を検討しました。アンケートでさまざまな観点からの意見を集め、支援策を出し合うことでメンバーの応援する意識も高まりました。取引先は、アンケート結果に喜んだようです。特に従業員数の少ない取引先には、集団でとったアンケートデータなどは有効です。個々の能力向上も大事ですが、金融機関内にある集団の力を使う視点も忘れないようにしたほうがよいでしょう。

(2) 利鞘の出るターゲットへのアプローチ

　申し分のない決算書をもつピカピカの会社と取引したいという気持ちは、金融機関の担当者であればもつことでしょう。しかし、そもそもそういう取引先は、自己資本が厚く、資金需要がない場合も少なくありません。やはりだれがみても問題のない貸し先は、それほど利がとれないのです。利鞘を得るためには、「周りのみえていないことを自分たちだけがみえている」状態をつくることにあります。そのため、いわゆる正常先下位以下の債務者区分にありながらも、自分たちには事業性評価ができ、可能性がみえている先に融資をしていくことが、利を得るためのポイントでしょう。

　しかし、先述した正常先下位以下の企業群では、残念ながら財務に対する認識や体制がもう一歩というところが少なくありません。そこに財務のアドバイスから入っても腹に落ちないのが大概でしょう。

　そういった企業群には、最初のアプローチとして、外部だからこそ提供できるきっかけや機会を与えることが有効です。中小製造業が本当に求めているものは、「経営をよくする新しいきっかけ」です。新しい取引先だったり、新しい技術であったり、新しい仕入先など自分たち単独では知りえなかった世界をみせてあげれば、金融機関への信頼感は高まります。そうしたきっかけを提供し、経営成績が上がってきた段階で、初めて財務のアドバイスをすることにより腹に落ちるのです。

　こういったアプローチができずに、担保などに依存した融資を進めてきたスタイルを切り替えて、「いま一歩」という企業群へ事業支援をするノウハウを組織内に確立することで、面的に広がり、結果として高収益体制が強化されてくるでしょう。

(3)　稟議書の作成スピード向上

　昨今、ワークライフバランスや働き方改革というキーワードで、業務効率を高めることが各職場で求められていると思います。金融機関の担当者からは、仕事のなかでウェイトが大きいのは「決裁に回す書類作成」とよく聞きます。そのなかでも製造業への融資の稟議書は、めんどうなものと想像がつきます。特に製造業の設備投資などでは、機械の名称がわかりにくく、先輩の担当者に聞いても明確な答えが返ってくることは少ないでしょう。「2,500万円のターレットパンチプレスの設備資金」を融通するといっても、それがどういう投資対効果をもつかも見当がつかないのではないでしょうか。

　しかし、本業支援ができるようになると、理解が深まります。「現在、当該取引先のボトルネックとなっている工程は、板金の抜き工程であり、そこでのリードタイムが20%短縮されると、全体の生産性が20%向上します。顧客の通信会社が好調なため、売上の見込みは立つので、予定する回収期間内に返済ができると思料します」といった感じで、設備投資の意味づけもできるようになります。このように個々の担当者の事業理解が進むことで業務効率が向上し、金融機関としての収益性は高まるように思えます。

あとがき

　本書では、支援者の立場にある筆者から、製造業への本業支援を進めるための考え方、手順を、事業性評価を含めて解説したつもりです。最後に振り返って整理したいと思います。

　まず欠かせないのが、「取引先をよくする」姿勢をもつことです。その本気さがなければ、長い期間を要する本業支援の果実は得られないでしょう。果実は、地域全体の経済活性化です。その高い目的を達するためには、おせっかいぐらいの意識でちょうどよいので、遠慮は禁物です。その気持ちを取引先は感じてくれて信頼関係ができてきます。

　本業支援は、取引先の現状と将来性を整理して、新しい展開の後押しをする流れです。現状と将来性の整理は、言い換えると事業性評価です。中小企業の経営環境は多様であるため、しっかりふまえた事業性評価をしないと、支援のミスマッチが生じます。

　そのために取引先に対して意識する行動は、「よく聴くこと」です。メモも忘れずにとりましょう。聴いた内容が支援の出発点になります。1回では聴き取りきれませんので、あせらず時間をかけていきましょう。聴き取った内容は、単純化せず、周辺や背景も含めて全体を理解するイメージです。また、「製造品をよくみること」も必要です。できれば、製造の工程も理解しましょう。

　取引先を見聴きするときには、自分のなかで整理するための "引き出し" をもち、事業性評価に落とし込むことが必要です。そのための事業性評価の視点としては、取引先の事業の強みと、置かれている経営環境の2点を中心にします。製造業の強みをかたちづくっているのは、保有する技術とそれを活用した製造です。技術面の理解で大事なのは、取引先の製造品の裏付けとなっている精度などのレベル感、開発力、設計力などです。製造面の理解は、人材、機械、材料、方法などの要素に分けて整理するとよいでしょう。

次に経営環境の理解では、マクロの視点とミクロの視点をリンクさせましょう。マクロ的理解においては、フレームワークを活用して整理することが有効です。ミクロ的理解においては、バリューチェーンを活用することで具体的な商流、物流などを的確にとらえられます。そして、どの部分で強みを形成しているかを理解しましょう。フレームワークやバリューチェーンにより取り巻く経営環境の全体感を得た後は、取引先の内部環境と外部環境の視点で細かくみていきましょう。機械もしくは人への依存度、「単価×数量」の理解、損益分岐のかたち、在庫の意味などは欠かせないポイントです。

　インタビューは、これらのポイントに留意して進めましょう。インタビューが終わったら、本業支援の方向性の見立てとなります。経営支援なので、売上向上、コスト低減、利益モデルの変更の3つの視点を意識し、具体的な打ち手としては、新製品開発、川上や川下への染み出し、少量多品種対応、品質担保、プラットフォーム化、生産性向上、市場開拓などを進めることとなるでしょう。

　支援の有効な手段としては、マッチングがあげられます。マッチングなどをする場合でも、「単価×数量」を理解して、喜ばれる仕事を紹介していきましょう。どういう付加価値をつけているかを常に意識して、向き合っていけば製造業の支援はできてきます。1人でも多くの方に中小製造業と向き合っていただけることを期待して、本書の結びとさせていただきます。

事項索引

【著者略歴】

■ 宇崎　勝（うざき　まさる）

ストラテック株式会社 代表取締役
1967年生まれ。
1993年慶應義塾大学院理工学研究科修了（工学修士）。
2004年日本大学大学院グローバルビジネス研究科修了（経営学修士）。
国内大手製造業へ入社後、公的支援機関、ベンチャー企業、戦略系ブティック
ファームを経て、2008年に独立し、ストラテック株式会社を設立。
大手製造業でプラントエンジニアリングや設備技術開発等に従事した経験をもと
に、製造業・技術系企業向けのビジネスコンサルティング業務に携わっている。
2008年以降、神奈川県川崎市などの複数の自治体でコーディネーターとして、地
域中小企業の新事業展開を支援している。年間のべ200回を超える地域中小製造
業への支援を実施しており、新分野進出や大手企業の知財活用などでの支援実績
が豊富である。これまでに500社以上の会社訪問、100社以上の支援（マッチン
グ、新事業展開）の実績がある。金融機関と連携して支援した案件も多く、その
ノウハウを講演、研修、コンサルティングのかたちで金融機関に提供している。

■ ストラテック株式会社

製造業・ベンチャーの経営支援（事業計画、実行支援）、事業および技術・知財
の調査・評価事業、地域金融機関向け事業性評価・本業支援体制構築支援、製造
業および金融機関向け研修事業などを主要事業としている。
「技術者に財務の説明ができ、金融機関に技術の説明ができる」強みを生かし、
現場に入り込んだコンサルティングサービスを提供している。また、対応経験の
ある業種が幅広く、技術投資の見積精度が高いことも特徴である。
URL　　　http://www.stratech.jp/
E-mail　stratech-info@stratech.jp

町工場の経営支援

2019年10月10日　第1刷発行

著　者　宇　崎　　　勝
発行者　加　藤　一　浩

〒160-8520　東京都新宿区南元町19
発　行　所　一般社団法人 金融財政事情研究会
企画・制作・販売　株式会社きんざい
出 版 部　TEL 03(3355)2251　FAX 03(3357)7416
販売受付　TEL 03(3358)2891　FAX 03(3358)0037
URL https://www.kinzai.jp/

校正：株式会社友人社／印刷：三松堂株式会社

ISBN978-4-322-13484-1